SAMMLUNG PROFILE
herausgegeben von Rudolf Wolff
Band 15:
Siegfried Lenz –
Werk und Wirkung

Bisher sind erschienen:

Band 1: Erich Kästner – Werk und Wirkung
Band 2: Reiner Kunze – Werk und Wirkung
Band 3: Hans Fallada – Werk und Wirkung
Band 4: Thomas Manns »Doktor Faustus« und die Wirkung, 1. Teil
Band 5: Thomas Manns »Doktor Faustus« und die Wirkung, 2. Teil
Band 6: Lion Feuchtwanger – Werk und Wirkung
Band 7: Heinrich Mann – Werk und Wirkung
Band 8: Thomas Mann – Erzählungen und Novellen
Band 9: Wolfgang Borchert – Werk und Wirkung
Band 10: Astrid Lindgren – Werk und Wirkung (i. Vorb.)
Band 11: Klaus Mann – Werk und Wirkung
Band 13: Heinrich Mann – Das Werk im Exil
Band 14: Arthur Schnitzler – Werk und Wirkung
Band 15: Siegfried Lenz – Werk und Wirkung

CIP-Kurtitelaufnahme der Deutschen Bibliothek:
Siegfried Lenz: Werk und Wirkung/
Rudolf Wolff (Hrsg.). — Bonn: Bouvier 1985
(Sammlung Profile; Bd. 15)

ISBN 3-416-01825-7

NE: Wolff, Rudolf (Hrsg.); GT

ISSN 0723-7626

Herstellerische Betreuung: Jochen Klein. Druck und Einband: Druckerei Plump KG, Rheinbreitbach. Umschlagentwurf: Anna Braungart.

SIEGFRIED LENZ
Werk und Wirkung

Herausgegeben von
Rudolf Wolff

1985

BOUVIER VERLAG HERBERT GRUNDMANN · BONN

INHALTSVERZEICHNIS

I

Marcel Reich-Ranicki
Siegfried Lenz.
Die Ein-Mann-Partei
Eine Jubiläumsrede

Zwei Jubiläen gilt es heute zu feiern, zwei Ereignisse, über die nachzudenken lohnt. Zunächst einmal: Der Geschichtenband *So zärtlich war Suleyken* von Siegfried Lenz, 1955 erschienen, hat allein als Taschenbuch, das es seit 1960 gibt, eine Auflage von einer Million erreicht. Das andere, bestimmt nicht weniger wichtige Jubiläum: Vor genau dreißig Jahren begann mit dem Roman *Es waren Habichte in der Luft* der schriftstellerische Weg von Siegfried Lenz. In diesen dreißig Jahren wurde Lenz einer der populärsten Erzähler der Gegenwart, einer der erfolgreichsten Autoren der Nachkriegsliteratur, wenn nicht überhaupt der deutschen Literatur unseres Jahrhunderts.

Aber jeder große Erfolg ruft geradezu automatisch skeptische und oft genug auch boshafte Reaktionen hervor. »Die Bestätigung eines Künstlers«, meinte 1961 eben jener, den wir heute feiern, »liegt nicht im Erfolg – der Erfolg ist manchmal nur ein Mißverständnis –, sondern im Argwohn, im Mißtrauen, das ihm entgegenschlägt.«[1] In dieser Hinsicht kann sich allerdings Siegfried Lenz nicht beklagen. Unablässig, ja hartnäckig haben auch Argwohn und Mißtrauen seine literarische Laufbahn begleitet.

Ging das denn alles mit rechten Dingen zu? Wurde dieser gewaltige Erfolg vielleicht mit nicht ganz ehrenwerten Mitteln erkauft, mit Zugeständnissen etwa an einen möglicherweise dubiosen Publikumsgeschmack? So fragten vor allem die Leute vom Fach, die Literaten. Es sind ja die Schriftsteller, wie wir alle wissen, ungewöhnlich hochherzige Menschen. Stets haben sie Verständnis für ihre schreibenden Kollegen, großzügig sind sie bereit, ihnen alles zu verzeihen – nur nicht den Erfolg.

Liest man heute die Kritiken, die im Laufe der dreißig Jahre über die Bücher von Lenz geschrieben wurden, dann muß man bisweilen an die Situation denken, in der sich der Narr aus dem *König Lear* findet. »Deine Töchter« – beschwert sich dieser gar nicht heitere Narr beim König – »wollen mich peitschen lassen, wenn ich die Wahrheit sage; du willst mich peitschen lassen, wenn ich lüge; und zuweilen werde ich gepeitscht, wenn ich's Maul halte.« So hat man Lenz vorgeworfen, seine ernsthaften Bücher seien allzu ernsthaft und schwergewichtig, wenn nicht gar feierlich; an seinen humoristischen Geschichten wiederum beanstandete man, daß sie allzu leichtgewichtig und offenbar auch zu heiter seien. Und manche verübelten seinen Büchern ganz einfach die Publikumswirksamkeit.

Auf eine unmittelbare Diskussion mit seinen Kritikern hat sich Lenz nie eingelassen. Gleichwohl hat er ihnen auf seine Weise immer wieder geantwortet – nämlich mit seinem jeweils nächsten Buch. Und ob es mehr oder weniger bedeutende Arbeiten wurden – stets zeigte es sich, daß er nicht der Mann ist, den Rückschläge und Niederlagen beirren und den Erfolge und Triumphe verderben können.

Wie war denn das mit der *Deutschstunde*? An den Erfolg dieses Romans wollte ja zunächst niemand recht glauben. Aber es dauerte nicht lange und das Buch erfreute sich einer Beliebtheit, die manchen zu seinem Ernst im Widerspruch zu stehen schien. Jedenfalls erreichte die *Deutschstunde* allein in deutscher Sprache eine Auflage von über 1,7 Millionen Exemplaren und wurde in nicht weniger als 24 Sprachen übersetzt. Warum denn eigentlich? Eine kluge Kollegin hat mich neulich belehren wollen: Das Buch sei eben im richtigen Augenblick erschienen. Man habe damals, 1968, einen Roman über das Leben im »Dritten Reich« dringend gebraucht. Der Autor der *Deutschstunde* sei diesen Bedürfnissen und Erwartungen rechtzeitig nachgekommen. Das vor allem erkläre das ungewöhnliche Echo.

Es ist eine alte Geschichte: Man versucht, einen großen Erfolg nicht auf das Buch selber, also auf die literarische Leistung zurückzuführen, sondern auf irgendwelche äußeren Umstände, auf eine angeblich günstige Konjunktur oder gar auf eine Mode, die sich Lenz rasch zunutze gemacht haben soll. Davon ist, zumindest wenn es um die *Deutschstunde* geht, kein Wort wahr. Würde dieser Befund meiner so gescheiten Kollegin zutreffen, dann wäre es nicht so schwer, Bestseller zu verfassen. Es genügte ja, mit Hilfe einer entsprechenden Umfrage zu erkunden, was die Leute lesen wollen – und dann bräuchte man es nur noch zu schreiben. Alle Verleger würden es so machen und unzählige Autoren würden diesen doch bequemen Weg ebenfalls gern wählen.

Aber gute Schriftsteller laufen niemals den Lesern nach, vielmehr zwingen sie die Leser, ihnen zu folgen. Man vergißt oft, daß man gerade in den Jahren 1968 und 1969 in der Bundesrepublik viel zu sehr mit der unruhigen Gegenwart beschäftigt war, als daß man sonderlich begierig gewesen wäre, einen langen Roman über Deutschland in der Zeit des Zweiten Weltkrieges zu lesen. Dennoch siegte die *Deutschstunde* auf Anhieb. Eine ganze Generation vermochte sich in der Geschichte des jungen Siggi Jepsen wiederzuerkennen, in diesem epischen Lehrstück über deutsche Pflichtauffassung und ihre Folgen. Die Bedürfnisse des Publikums? Gewiß, sie spielten hierbei schon eine wichtige Rolle. Doch darf man behaupten, daß Lenz sie gar nicht kannte, ja sie nicht kennen konnte. Denn er hatte nicht bereits vorhandene Bedürfnisse befriedigt, sondern diese mit seinem Buch erst einmal geweckt, bewußt gemacht und gesteigert.

Eine Mode? Nun ja, mit der hat das Ganze auch zu tun, aber in einem ganz anderen Sinne, als mißgünstige Kollegen meinten und mitunter immer noch glauben. Man hüte sich, es zu übersehen: Die vielen deutschen Romane, die die Zeit des »Dritten Reiches« und des Krieges aus der Sicht von nachdenklichen Halbwüchsigen abhandeln, sind erst später, in den siebziger Jahren entstanden. Mit anderen Worten: Die *Deutschstunde* war nicht das Produkt einer Mode, vielmehr hat sie eine Modewelle ausgelöst, die sich überdies als ziemlich dauerhaft erwies und deren Ende noch gar nicht abzusehen ist.

Freilich hat es Lenz immer schon verpönt, Bücher *gegen* das Publikum zu schreiben. Als er 1962 den Literaturpreis der Stadt Bremen entgegennahm, distanzierte er sich entschieden von manchen seiner schreibenden Kollegen, zumal von den nicht wenigen Generationsgenossen, die um jeden Preis den Leser schockieren wollten. Spöttisch äußerte er sich über jene Autoren, denen es offenbar darauf ankam, »die Wonnen der Brüskierung« zu genießen. Lenz hingegen strebte und strebt nach wie vor den »wirkungsvollen Pakt mit dem Leser« an.[2] Ein Schriftsteller – sagte er später in einem Interview – sei »eine Ein-Mann-Partei, die für die eigenen Manifeste, Überzeugungen, Programme möglichst viele Gleichgesinnte zu werben versucht«.[3] Nicht nur das *deutsche* Publikum hat den angebotenen Pakt dankbar akzeptiert: Millionen sind der Ein-Mann-Partei beigetreten und haben es offensichtlich nie bedauert. So wurde Siegfried Lenz Deutschlands erfolgreichste Partei.

Das erste Buch, das ihm eine so überwältigend große Leserschaft sicherte, war der Band mit den Suleyken-Geschichten. Fragen wir offen: Was ist denn von der gesamten deutschen Literatur der fünfziger Jahre heute noch lebendig geblieben? Einige Titel lassen sich schon nennen, viele sind es leider nicht. Aber wie klein ihre Zahl auch sein mag, der Band *So zärtlich war Suleyken* gehört bestimmt dazu.

Damit scheint kein einziger der Kritiker, die 1955 über dieses Buch schrieben, auch nur im Entferntesten gerechnet zu haben. Übrigens urteilten sie meist freundlich und wohlwollend, wenn auch zurückhaltend: Zwar lobte man die überaus anschauliche, von der gesprochenen Rede und von der masurischen Mundart geformte Sprache der Suleyken-Geschichten, war indes eher geneigt, diesen schalkhaften Idyllen, diese farbigen Genrebilder als harmlose epische Marginalien abzutun. Immerhin wurde dem Autor Lenz der Rang eines volkstümlichen Humoristen zuerkannt. Das war allerdings ein etwas zweifelhaftes Kompliment, gewissermaßen ein Danaer-Geschenk.

Sonderbar, sehr sonderbar. Wer ist eigentlich hierzulande gegen den Humor? Niemand. Um keinen Preis der Welt möchte sich jemand nachsagen lassen, er habe keinen Sinn für Humor und sei somit ein Spielverderber. Doch möchte kein Schriftsteller als Humorist gelten. Bei diesem Wort denkt man in Deutschland sogleich an Eugen Roth, einen Autor also, der zwar erfolgreich war, den aber die Literaturkritik so gut wie nie wahrgenommen hat, vielleicht auch an den Bayern Ludwig Thoma und natürlich noch an Wilhelm Busch, an die *Fromme Helene* etwa oder an *Max und Moritz*. Satiriker – das klingt wenigstens aggressiv, Ironiker – das hat schon einen unüberhörbaren Stich ins Vornehm-Intellektuelle. Humoristen hingegen, gar volkstümliche, hält man für gutmütige und lauwarme, meist eher brave und schlichte Spaßmacher, denen man schon deshalb ohne Risiko zunicken kann, weil sie – so meinen viele – nicht auf die Idee kommen, uns zum Nachdenken zu zwingen, uns also zu beunruhigen und zu stören.

In der Tat sind die Suleyken-Geschichten beschaulich, doch weder bieder noch arglos. Populär sind sie, aber frei von Volkstümelei. Man mag sie hier und da als schwärmerisch empfinden, doch sentimental sind sie nicht. Im Nachwort zu diesem Buch verwahrte sich Lenz gegen ein damals, 1955, offenbar naheliegendes Mißverständnis: Nicht einen »schwermütigen Sehnsuchtsgesang« habe er schreiben wollen, sondern eine »aufgeräumte Huldigung an die Leute von Masuren«. Die Geschichten seien nicht mehr und nicht weniger als »zwinkernde Liebeserklärungen« an seine Heimat.

Diese Formulierungen wurden oft zitiert und offenbar nie ganz ernst genommen, jedenfalls – und das ist bemerkenswert – niemals kommentiert. War es denn so selbstverständlich, daß hier einer zwar von der Liebe zu seiner Heimat sprach, doch von Sehnsucht nichts wissen wollte? Ausdrücklich erklärte Lenz, dieses Suleyken habe es natürlich »nie und nirgendwo gegeben«. Viel hat der wichtige Hinweis nicht bewirkt. Denn damals, 1955, wollte man den Geschichtenband unbedingt als ein Buch des Abschieds lesen – eines wehmütigen Abschieds von einer nicht mehr existierenden Welt. Und vielleicht war es zehn Jahre nach dem Krieg gar nicht möglich, *So zärtlich war Suleyken* anders zu verstehen.

Heute indes wollen bei der Lektüre dieser Kurzgeschichten und Skizzen Wehmut und Abschiedsstimmung nicht mehr aufkommen. Heute läßt sich leichter erkennen, daß Lenz keineswegs beschworen hatte, was untergegangen war. Wohl aber war es ihm geglückt, zahlreiche Elemente und Motive seiner masurischen Heimat verwendend und paraphrasierend, ein eigenes Universum zu schaffen. Nicht Vineta heißt also das Stichwort, sondern Seldwyla.

Mit genießerischer Umständlichkeit und freilich auch mit zärtlicher Genauigkeit erzählt er hier von komischen und lächerlichen Menschen, von allerlei Käuzen und Sonderlingen und von ihren wunderlichen Abenteuern. In diesen Geschichten siegt der Schwache gegen den Starken, das Kleine wird gegen das Große ausgespielt. Und wo ein David einem Goliath gegenübersteht, da kann man sicher sein, daß Lenz nicht auf der Seite des Mächtigen sein wird.

Aber die Einen und die Anderen sieht er, wie es im *Hamlet* heißt, »mit einem heitern, einem nassen Aug'«. Denn wie lustig und schnurrig diese Prosastücke auch sein mögen, ihren Untergrund bilden die rührend-einfachen Sätze, die Lenz in einer der Suleyken-Geschichten, in dem *Duell in kurzem Schafspelz*, einen naiven Briefträger sagen läßt: »Niemand bleibt auf dieser Welt verschont … Es ist, Gevatterchen, ein einziges Leiden in dieser Welt.«

In der guten Literatur wird das Heitere immer vom Düsteren bedroht und das Düstere stets mit dem Heiteren relativiert. Wir wissen es längst: Im Grunde sind alle Komödien auch traurig und alle Tragödien auch komisch. Im fünften Akt des *Revisor* von Gogol, als sich herausstellt, daß der abgereiste Chlestakow durchaus kein Revisor war, nur ein gerissener Betrüger, einer, dem es gelingen konnte, die ganze Stadt durcheinander zu bringen und übers Ohr zu hauen, da hat der Stadthauptmann zum Schaden auch noch den Spott: Er wird von seinen Leuten unbarmherzig ausgelacht. Es ist eine alte Tradition des russischen Theaters, daß der Schauspieler, der im *Revisor* diesen Stadthauptmann spielt, die Antwort nicht an seine ihn verspottenden Partner auf der Bühne richtet, sondern an die Rampe tritt und sich jetzt an das Publikum wendet. Er spricht die unvergeßlichen Worte: »Über wen lacht ihr denn? Ihr lacht über euch selbst.«

Auch wir, die Leser der Suleyken-Geschichten, lachen letztlich über uns selbst. Die Eigenart des Humors, der dies erreicht, hat keiner besser definiert als Siegfried Lenz selber. Der masurische Humor zeige sich – schrieb er in einer fast wissenschaftlich anmutenden Abhandlung aus dem Jahre 1965 – »in seiner Wurzel als ein Zustand der Dankbarkeit fürs Leben«. Er sei »eine Aufforderung zur Nachsicht mit der Welt, mit den Leuten«.[4]

Das gilt für das Buch *So zärtlich war Suleyken*, diese menschliche Komödie im Miniaturformat. Und das gilt ebenso für das ganze Werk von Siegfried Lenz. Seit dreißig Jahren bewährt er sich als ein Mann nicht nur der Phantasie und des Humors, sondern auch der Einsicht und des Ausgleichs. Es gibt, wir brauchen es nicht zu verheimlichen, nur sehr wenige Schriftsteller in diesem Land, denen man derartiges ohne Abstriche nachrühmen kann. Zugleich vermag Siegfried Lenz, was man nicht hoch genug einschätzen kann: Er bringt uns zum Lachen.

Aber ist denn das Lachen so wichtig? Und weshalb eigentlich? Der Major von Tellheim sagt einmal: »Sie wollen lachen, mein Fräulein. Ich beklage nur, daß ich nicht mitlachen kann.« Das Fräulein von Barnhelm antwortet ihm: »Warum nicht, was haben Sie denn gegen das Lachen? Kann man denn auch nicht lachend sehr ernsthaft sein? Lieber Major, das Lachen erhält uns vernünftiger, als der Verdruß.«

Anmerkungen:

Anlaß dieser Jubiläumsrede war das millionste Exemplar der Geschichtensammlung *So zärtlich war Suleyken* in der Taschenbuch-Ausgabe. Zuerst gedruckt in: *Der Monat*, Heft 3, 1981.

1. Siegfried Lenz: *Beziehungen. Ansichten und Bekenntnisse zur Literatur*, Hoffmann und Campe Verlag, Hamburg 1970, S. 259.
2. Ebenda, S. 278.
3. Ebenda, S. 287.
4. Ebenda, S. 105, 115.

Siegfried Lenz
Etwas über Namen
Rede

Was ein Name doch wert ist, was er gibt und benennt! Ein Don Quichote ist in Husum nicht denkbar, ein Schimmelreiter in heißer Mancha kaum vorstellbar. Niemals kann eine Brunhilde aus Sevilla kommen, dunkeläugig sein, eine Akazienblüte hinter dem Ohr tragen, singen und tanzen können. Und ebenso undenkbar, daß eine Carmen ein bezeichnendes Geschöpf des Niederrheins ist, flachsblond, schwer bezopft, einen stählernen Brustpanzer über dem respekteinflößenden Busen und von einer Bizepspracht, daß sie von einem daherkommenden Siegfried für einen Mann gehalten wird. Nein, jeder Name, wo er hingehört, in die Welt, für die er steht: Carmen wird für alle Zeiten für das Aroma des Tabaks und die ordentliche Glut Andalusiens bürgen, während uns Brunhilde, auf dem Walkürenfelsen erwachend, für immer auf nördliche Art vorführen wird, wie und warum man sich gegen das unbekannte Gefühl der Liebe sträuben kann.

Wilfried Seibicke hat es in seiner Namenskunde schön belegt: Namen evozieren eigene Welten, rufen verschiedene Bildnisse hervor, legen verschiedene Urteile nahe. Sie erinnern uns und reden, geben Zeichen und beschwören, und ohne Zweifel appellieren sie auch an unsere Erfahrung, an unsere Vorstellungskraft.

Groß war seit je der Bezeichnungswert der Namen, das, was an Funktionen und Hoffnungen in ihnen eingeschlossen ist; vielsagend aber auch ihr Gleichniswert, der von dem Bedürfnis zeugt, mit einem Namen wünschenswerte Eigenschaften auf den Träger kommen zu lassen. Er, der Meistererzähler, der »Zauberer«, Thomas Mann sprach vom Namen des Menschen als einem »Stück des Seins und der Seele«.

Eine Existenz in der Welt zu bezeichnen: darauf kam es bei früher Namensgebung wohl vor allem an, der Wunsch nach Unterscheidung spielte offenbar eine untergeordnete Rolle. Der Name schuf Wirklichkeit, und was die Wirklichkeit kennzeichnete, waren einst Krieg und Daseinshärte. Von dieser Erfahrung inspiriert, nannten die Herren sich Winnibald, was im Althochdeutschen auf Kühnheit verweist, sie hießen Adalbert, weil sie glänzend, und Burghart, weil sie streng waren, – oder dies doch werden sollten. Namen wie Wolfram oder Hadubrant, also Schild und

Schwert, belegen nur, wie sehr man den Waffen vertraute, und daß man im Überlebenswunsch bereit war, auch die beispielhaften Eigenschaften von Tieren anzunehmen, zeigen Namen wie Athaulf oder Adalbero. Allerdings, auch die Friedenssehnsucht fand bei der Namensgebung ihren Ausdruck: von einem Badufried, einem Sigfried erhoffte man, daß sie ihren Namen zu Recht tragen.

Immer war der Name ein »Stück des Seins«. Er stand für Herkunft und Beruf, bezeugte Wesensart und gesellschaftliche Position, gab Auskunft über Geist und Sprachgehalt einer Epoche. Der Namensinhalt war schon eine Kennmarke. Ein Wippermann oder ein Schlesinger, ein Heidegger oder ein Forchammer gaben bereits bei der Vorstellung bekannt, woher sie stammten: der Name zeigte Heimat an. Enger gefaßt, nannte man sich an der Pütz, also am Ziehbrunnen, oder von dem Driesch, also der von der trockenen Wiese. Wer zählt die Weilheimer und Moosbacher, die Heimerdinger und Westenrieder. Ihre Namen, mannigfaltig wie deutsche Landschaftsbilder, hören sich oft genug an wie ein Lobpreis der Herkunft.

Was an Berufsbezeichnung aufging in Familien-Namen, das kann, wenn man noch die mundartlichen Eigentümlichkeiten berücksichtigt, Bibliotheken füllen. Jedes Handwerk, jedes Gewerbe lieferte unwillkürlich einen eigenen Beitrag zur Onomastik. Bereitwillig gibt jeder Name seinen Ursprung preis: der Gerber und der Gürtler, der Böttcher und der Beutler, der Filzer und der Faßbinder – sie haben sich ihren Namen verdient durch ihre Tätigkeit, in gewissem Sinne auch durch Arbeitsteilung. Namenskunde klärt uns auf über das Berufsleben vergangener Zeit, und sie läßt uns die Wandlungen erkennen, die es im Wirtschaftsprozeß gegeben hat.

Doch nicht nur Dauerkampf, Herkunft und Beruf beeinflussen die Namensgebung; alles, was einen Menschen charakterisierte, was ihn kenntlich machte, taugte zu namentlicher Bezeichnung. Die modische Allüre und der soziale Status, die körperliche Erscheinung und die Trinkgewohnheit genügten bereits, damit einer seinen Namen weghatte für alle Zeit. Ein Herr Rotärmel sollte wissen, warum er so heißt, und ein Herr Störtebeker sollte sich nicht wundern, warum man ihn als Saufaus so nannte. Herr Luchterhand verdankt seinen Namen – das Niederdeutsche bestätigt es – seiner Linkshändigkeit, die Herren Scheel oder Schilcher ihrer Augenstellung, und wer sich Krauel schreibt, also Mistforke, Lämmerzagel oder Faulhaber kann seines bäuerlichen

Ursprungs gewiß sein. Über Zumpf und Fiesel möchte ich kein Wort verlieren, doch ich möchte darauf hinweisen, daß einer nur deswegen Hertrampf oder Krumeneter hieß, weil er arm war. Ja, auch die Armut verlieh uns Namen, die ihre einstigen, wohl rechtmäßigen Träger überlebten.

Längst haben wir es uns angewöhnt, von der ursprünglichen Bedeutung der Namen abzusehen, über sie hinwegzugehen, und das gewiß mit Recht. Höflichkeit gebietet es schon, dies zu tun, schließlich möchte einer, der Niebergall heißt, nicht mit Herr Zechpreller angeredet werden, ein Wackernagel hätte mit Grund etwas dagegen, wenn man zu ihm Herr Penis sagte, und mein Kollege Rühmkorf könnte zurecht aufgebracht sein, falls ihn jemand, auf den Ursprung des Namens anspielend, Herr Plünderer titulierte. Wir bringen für die Namen, die auf uns gekommen sind, eine eigene Empfindlichkeit auf, wir haben sie für uns selbst – mehr oder weniger bewußt – tabuisiert, und das ist wohl auch der Grund, warum wir verletzt sind, wenn in unzulässiger Weise mit unserm Namen gespielt wird, wenn er für Witz und Schabernack herhalten muß. »Der Eigenname eines Menschen«, sagte Goethe, »ist nicht etwa wie ein Mantel, der bloß um ihn herumhängt und an dem man allenfalls noch zupfen und zerren kann, sondern ein vollkommen passendes Kleid, ja, wie die Haut selbst, ihm über und über angewachsen, an der man nicht schaben und schinden darf.«

Kaum aufzuzählen, was am Namen hängt, was er bewirken und wie man auf ihn kommen kann. Ein Name wird geschöpft und gegeben, beigelegt und gesetzt. Er wird geerbt, erworben, geborgt und zugeteilt, auch gefürchtet wird ein Name und geheiligt und gebenedeit. Wir handeln in jemandes Namen und zittern vor ihm, man besitzt einen guten, einen klangvollen, einen »gedechtnuszwirdigen« Namen (wie es bei Hans Sachs heißt), doch er kann auch im Dunkeln bleiben, erlöschen und aussterben. Ein Name erweckt Zuversicht und Hoffnung, ein anderer verbreitet Furcht und Schrecken. Dieser Mann festigt seinen Namen, jener Mann bringt sich um ihn. Ein Geisterbeschwörer kennt die Namen – und beherrscht ihre Träger eben dadurch –, einem verzagten Redakteur fehlt es in seiner Wochenendausgabe an Namen. Nein, sie sind nicht Schall und Rauch, sie haben ihr eigenes Gewicht und ihre Magie, immer wieder führen sie uns zu uns selbst, halten uns an, Beziehungen zu überprüfen, Identitäten zu suchen, jeden Tag finden wir die Kraft eines Namens bestätigt, seine prägende, beschwörende, seine oft genug suggestive Macht.

Doch damit ist ihr Ausdruckswert nur angedeutet. Namen können auch schicksalhafte Bedeutung haben, sie können für eine allgemeine menschliche Erfahrung stehen, sie können Tragik und Komik signalisieren und nicht zuletzt unsere Vorurteile bestätigen: die Literatur liefert uns dafür jedes erdenkliche Beispiel. Alles, was den Menschen seit je charakterisierte und klassifizierte, was uns über ihn lachen und weinen ließ, ist in der Literatur aufgehoben. Sie bietet uns Namen an für exemplarische Haltungen, Konflikte und Erfahrungen. Für unsere Melancholie und unsere Triumphe, für unseren Schmerz und unser Erkenntnisverlangen, für unsere Tollheiten und Niederlagen hält sie einen sprechenden Namen bereit, – einen erfundenen Namen. Der ist als Schlüsselwort so geeignet, daß wir ihn nur zu nennen brauchen, um eine Erfahrung zu bezeichnen oder eine Lage verständlich zu machen. In den fiktiven Namen der Literatur erkennen wir uns wieder.

Wir sagen Don Quichote und meinen eine aberwitzige, methodische Verkennung der Welt, die mit schmerzhaftem Erwachen bestraft wird. Mit Werther verknüpfen wir eine große Emotion. Mit Wutz das Glück, das aus pfiffiger Bescheidenheit kommt, mit Ahab die Illusion von Beute. Der Name Raskolnikoff genügt, um die archetypische Verbindung von Schuld und Sühne deutlich zu machen. Das geschäftstüchtige Spießertum heißt ein für allemal Babbitt. Ein Gerechtigkeitsverlangen, das über alle Stränge schlägt, führt den Namen Kohlhaas. Unser gesamter Fundus an Erlebnissen ist in fiktiven Namen repräsentiert.

Die Schriftsteller, die sie erfunden haben, wußten, wieviel am Namen hängt. Selbstverständlich weiß jeder, daß ein Name eine Aura besitzt, eine Physiognomie, daß er Eigenschaften trägt oder vermuten läßt, daß er Gefühle hervorruft. Aber für den Schriftsteller ergeben sich aus dieser Einsicht entscheidende Konsequenzen bei seiner Arbeit. Die erste: er kann nicht mit beliebigen Namen wirtschaften, er muß vielmehr Rücksicht nehmen auf die darzustellende Welt, und das heißt zunächst: er kann nur Namen verteilen, die ihm geglaubt werden. Das schließt nicht aus, daß sie uns phantastisch anmuten, nur, wir müssen sie für angemessen halten. Ich zum Beispiel hätte meine Mühe mit einem Öltankreiniger, der Arne auf Arnewiek genannt wird, nicht weniger Mühe aber auch mit einem Geistlichen, dem der Name Traugott Teufel beigelegt ist. Eine weitere Konsequenz: wenn ein Name sozusagen ein Fenster sein soll, durch das man einen Charakter erkennt, dann muß mancherlei berücksichtigt werden: der Klang ebenso wie die gesellschaftliche Stimmigkeit, die assoziative Wirkung nicht weniger als der ästhetische Eindruck, und vielleicht sogar die ethymologische Wurzel. Der Name muß also sowohl »passen« als auch etwas »hergeben«, er muß sich selbst beglaubigen und, nach Möglichkeit, unsere Einbildungskraft stimulieren.

Effi Briest zum Beispiel: schon der Klangwert des Namens läßt uns Grazie und Übermut annehmen, während uns eine Jenny Treibel darauf gefaßt sein läßt, gewissermaßen hinter die Tapeten gucken zu müssen. Und Wilhelm Meister gar: wer kann da übersehen, daß der Name für ein lebenumfassendes Erfahrungsprogramm steht, so deutlich, wie »Professor Unrat« eine schiefe Bahn ahnen läßt. Es ist klar: die Namensgebung ist schon ein Teil der Erzählung, eins ist dem andern beigemessen, eins kann ohne das andere nicht lebensfähig sein. Freilich, es muß der treffende Name sein, denn beim Wenden und Wählen hat der Schriftsteller einsehen müssen, daß aus einer Person sogleich ein anderer Mensch wird, wenn er ihr einen anderen Namen anpaßt. Wenn Oskar Matzerath z. B. Jens-Dieter Jensen hieße, wäre er um seine Wirkung gebracht, und wir müßten ihm unser Vertrauen in seine Möglichkeiten entziehen.

Literatur zeigt uns aber auch, daß ein Namensverzicht eine eigene Bedeutung haben kann. Kafka nennt seinen Protagonisten, der vor einem imaginären Gericht angeklagt ist, Josef K., und sogleich beginnen wir nach Gründen zu fragen, die den Schriftsteller veranlaßten, ein gesichtsloses Initial zu verwenden. Wie genau es gewählt ist und in welchem Grade es zur Erkennbarkeit der Situation beiträgt, führt uns die Geschichte selbst vor Augen: vor einer anonymen, doch unentrinnbaren Macht verliert der Einzelne seine Personalität; jeder taugt zum Angeklagten. Daß es auch andere Gründe für einen Namensverzicht gibt, läßt sich an Kleists *Marquise von O.* und anderen Beispielen ähnlicher Art sehen: der nicht ausgesprochene, der aus Takt oder vorgeblichem Schutzbedürfnis nur angedeutete Name, soll die Authentizität einer Erzählung erhöhen, ihr quasi dokumentarischen Rang verleihen.

Daß es in der Welt nicht nur Originalgenies gibt, die auf einen besonderen Namen hören, sondern auch ganz und gar gewöhnliche Leute, die, aus welchen Gründen auch immer, ihr Leben als Rolle annehmen müssen, als typengerechte Funktion: auch das bestätigt uns Literatur. Durch Namen. Durch ständig wiederkehrende, mit der Rolle verbundene Namen. Oft genug wirken sie wie Klischees, gewählt, um ein rasches Einverständnis zwischen

Schriftsteller und Leser herzustellen. Johann ist der ewige Diener mit Weste und Staubwedel. Liesette das ewige Kammermädchen mit dem wissenden Blick. Sie sind Klischees, ohne Frage, doch wie mir ein Mann mit Erfahrungen versicherte, schreckt das Leben nicht davor zurück, sich mitunter der preiswertesten Klischees zu bedienen. Wer nicht soweit gehen will, der kann von Stereotypen sprechen, und daß die sehr wohl Leben bezeichnen und einfangen können, das haben die festgelegten Namen der Commedia dell'arte gezeigt, die Arlecchino und Pulcinello, Colombina und Dottore. Die Nennung des Namens genügte, um im Bilde zu sein über die Person, um ihre Möglichkeiten und Grenzen zu kennen.

Wir müssen davon ausgehen, daß alle Namen in einem literarischen Werk bestimmte Signalhaftigkeit besitzen, einen Bezeichnungswert, und zwar auch dann, wenn es Phantasienamen sind. Nichts ist absichtslos gesetzt. Jean Pauls Siebenkäs und der Horribili-cribifax von Gryphius, Ricarda Huchs Wonnebald Puck und Brentanos Wellewatz: sie bezeichnen eine Absicht, sie stehen im Dienst des Schriftstellers, sie sind fein kalkulierte Elemente seiner Kunstbemühung.

Wie fein kalkuliert, wie instrumentiert, wie beziehungsreich ersonnen fiktive Namen in der Literatur sein können: das Werk Thomas Manns bietet dafür reichen Beleg. Kaum glaublich, wieviele erfundene Personen er aus seiner Phantasie entlassen hat, bewundernswert, was er ihnen in planvoller Bemühung an Namen zuteilte, an sprechenden Namen. Grob überschlagen, könnten die Geschöpfe des Erzählmeisters eine Kleinstadt bevölkern, eine, dessen bin ich sicher, gegebenenfalls viel zitierte Kleinstadt, und zwar der Namen wegen. Ohne Zweifel nämlich hätte der örtliche Standesbeamte ein Personenstandsregister zu verwahren, das jedem Namenskundler als interpretationswürdiger Leckerbissen vorkommen müßte. Denn wie häufig trifft man schon einen Tobias Mindernickel, der neben einem Lobgott Piepsam wohnt, oder einen Serenus Zeitblom, der unter dem gleichen Dach mit James Tienappel, Dr. Überbein, Dr. Schleppfuß und Frau Schweigestill lebt.

Thomas Manns romanhafte Namen: sie haben nichts Zufälliges, Unscheinbares, Allerwelthaftes; im Gegenteil: wie kaum im Werk eines andern Schriftstellers, ist hier fast jeder Name, erstaunlich freimütig, mit Bedeutung betraut. Er kommentiert seinen Träger, und er symbolisiert ihn; er sorgt für ironische Brechung und stiftet geheimen Vorbehalt. Mitunter, so scheint mir, haben seine Namen auch leitmotivischen Charakter, die mechanische Erwartung, die von ihnen ausgeht, deutet es zumindest an. Jedenfalls, wem Thomas Mann einen Namen verpaßt, mit dem möchte er etwas beweisen. Anders als etwa Marcel Proust, für den die restlose Erkennbarkeit des Menschen keineswegs gesichert ist, benennt und rundet und flaggt Thomas Mann seine Personen derart aus, daß keine Unsicherheit mehr über ihre Identität besteht. Seine Gestalten sind endgültig charakterisiert. Sie verändern sich kaum in der Erinnerung. Einmal getauft, entkommen sie nicht dem Schicksal, das ihr ausgesuchter Name ihnen auferlegt.

Bendix Grünlich etwa. Der darf unter gar keinen Umständen Grün heißen, denn unter diesem Namen könnte man einen schlichten Hoffnungsträger vermuten, eine bescheidene, zuverlässige Haut. Mit Grünlich hingegen: da wird schon eine Täuschung signalisiert, solch ein Bursche changiert, verspricht etwas und läßt gleichzeitig manches offen, er ist in der Tat ein Schmeichler, ein Betrüger, – die arme Tony Buddenbrook bekommt es zu spüren. Von einem Rüdiger Schildknapp, zumal wenn er Dichter-Übersetzer ist, darf man gewiß soviel annehmen: begleitende Treue und finanzielle Kalamitäten. Daß Adrian Leverkühn, der sich mit Intellektuellen nur sparsam abgibt, einen Rüdiger Schildknapp besonders gern um sich hat – nicht zuletzt, weil der auch noch Humor besitzt –, das ist bei der ordnungsgemäßen Zerrissenheit des genialen Tonsetzers höchst verständlich. Oder Johannes Friedemann, der kleine Herr Friedemann: schon der Name läßt uns Mitleid empfinden für einen Menschen, mit dem das Schicksal es ganz gewiß nicht gut meint. Selbst wenn ich nicht wüßte, was das Schicksal im einzelnen für ihn in petto hält – also daß seine Amme ihn fallen läßt und seine Liebessehnsucht mit Enttäuschung endet –, Mißgeschick und Unglück sind schon mit dem Namen gesetzt. Mich wundert's nicht, daß keiner außer den zirpenden Grillen bemerkt, wie der kleine Herr Friedemann ins Wasser geht.

Man kann sagen: mit seinen Namen setzt Thomas Mann noch etwas auf seine Personen drauf, das sie unverwechselbar machen, ihnen zu letzter Eindeutigkeit verhelfen soll. Einen Finanzminister Krippenreuther, einen Schulrat Dröge, einen backenbärtigen Pastor Hirte zu nennen, das zeigt ein ganz eigenes Bedürfnis nach Kennzeichnung: Der Name wird in parodistischer Anspielung auf das verliehen, was die Person vorstellt. Selbst wenn einer Hans Hansen heißt, also ausnahmsweise einen alltäglichen Namen trägt, kann man sicher sein, daß damit ein Wert angedeutet ist; und in der Tat: Hans Hansen ist ein Geschöpf von einnehmender Durchschnittlichkeit, blond natürlich, frisch und beliebt und von bemerkenswertem Unverständnis für die sublimen Seelenschmerzen seines Gefährten Tonio Kröger. Es hat den Anschein, als wollte der Erzähler gegen die biblische Empfehlung raten: mach dir ein Bildnis; ich geb dir von allem, was deine Vorstellung braucht, und wenn es nicht ausreicht, enthülle ich dir meine letzten Taufgeheimnisse.

Ich habe mich gefragt, ob soviel ausgepichte Namensfracht, soviel onomastische Spielfreude, wie sie im Werk dieses einzigartigen Erzählers zu finden sind, nicht zu dem Eindruck führen müssen, viele seiner Figuren seien übertypisiert und nur geschaffen, um ihre Rollen zu bestätigen. Wo beinah jeder Charakter hält, was sein Name an Eigenschaften verspricht, liegt wohl solch eine Annahme nahe. Allerdings, Thomas Manns eigentümliches Verhältnis zur Welt der Fiktion korrigiert diese Ansicht. Wir wissen, welch eine Bedeutung er dem Gegensatz Geist–Leben zuerkannte, wissen auch, wie sehr er der Kunst zutraute, hier versöhnen, vermitteln zu können. Die vermittelnde Bemühung findet, wie könnte es anders sein, auf fiktiver Ebene statt, mithilfe artistischer Demonstration. Um ein unübersichtliches Leben durchschaubar zu machen, wird es in einem angewandten Spiel der Imagination erfunden, wiedererfunden, und zwar so, daß es die Wirklichkeit enthüllt und deutet. Leben wird also in gewissem Sinne »nachgemacht«, wer aber nachmacht, der kritisiert, der parodiert unwillkürlich. Und daran, scheint mir, will Thomas Mann mit seiner unerschrockenen Namensgebung ständig erinnern: wir spielen, wir parodieren, wir verteilen Rollen, wir sind in der Welt der Fiktion. Um uns zu orientieren, machen wir das »lächerliche und dennoch triumphierende Leben« nach, mit aller gebotenen Distanz des Erzählers zum Erzählten. »Ich kenne im Stilistischen eigentlich nur noch die Parodie«, bekannte er einmal selbst.

Seine romanhaften Namen: sie sollen nicht ernst geglaubt, sondern unter lächelndem Vorbehalt angenommen werden – zumindest gilt dies für die fiktiven Namen, die nun keineswegs ein »Stück Seins und der Seele« sind, sondern parodistische Rollenbezeichnungen, Kunstgriffe. Sie sind so gewählt, daß Komik wie von selbst entsteht: entweder durch die Unangemessenheit von Name und Charakter oder aber dadurch, daß sich Name und Eigenschaften in übertriebener Weise kommentieren.

Ein Felix Krull, dessen Bildung wenig hergibt, glänzt durch

seine Allüren und Prätentionen und versteht es, aufgeschnappte Halbwahrheiten in geradezu altmeisterlichen Wendungen zu servieren. Krull heißt im Polnischen König; – welche Erfahrung einer Welt, in der ein Hochstapler als glücklicher König erscheint. Dieser Felix Krull scheint zu wissen, daß er nur eine Rolle spielt, denn einmal träumte er von den Chancen, die ein Namenswechsel mit sich bringen könnte. Als seine Schwester, Olympia Krull, vor der Eheschließung mit einem Leutnant steht, der tatsächlich auf den Namen Übel hört – was ihr also zu der Unterschrift Olympia Übel verhelfen wird –, da sagt sich Krull: »Welche Wohltat, welche Anregung, welche Erquickung des Daseins, sich mit einem neuen Namen vorzustellen und anreden zu hören.« Der erwogene Namenswechsel erinnert uns daran, daß wir uns auf einer Spielebene befinden, in fiktiver Welt.

Unüberhörbar sind die Widersprüche, die Thomas Mann in einen Namen hineinlegt, mitunter findet da sozusagen eine Selbstaufhebung der Person statt. Wäre ich Paßbeamter und hätte den Antrag einer Dame zu bearbeiten, die sich hauchend als Olympia Übel vorstellt, ich würde nicht nur, ich müßte annehmen, daß sie mich veräppeln wollte. Desgleichen würde ich mir eine Gabriele Klöterjahn unerschrocken etwas näher ansehen, und eine Imma Spoelmann würde ich zumindest zweimal bitten, mir ihren Namen zu buchstabieren. Auch diese Herrschaften, das ist klar, verweisen uns auf ihren Kunstcharakter, geben zu, was sie sind: Kinder der Ironie, die sich über das Leben erheben. Ihr Ausdruckswert darf nicht von den Niederungen des Wirklichen her geprüft werden.

Soviel scheint mir sicher: beim Erfinden der Namen für sein Personal ließ sich Thomas Mann weit mehr von der parodistischen Klangwirkung inspirieren, als von ethymologischer Beweisträchtigkeit. Gewiß, bei einem Hugo Weinschenk, einen Mijnheer Peeperkorn kommt auch die ethymologische Wurzel zum Vorschein, aber aufs ganze gesehen hatte die für den Erzähler nicht die letzte Bedeutung. Ihm lag mehr an der ironischen Brechung.

Gerhard Commichau, einem entfernten Verwandten von Thomas Mann, verdanke ich den Hinweis, daß sich der Erzähler bei seiner Namenssuche auch ungeniert nahm, was erfahrenes Lübeck ihm anbot: Castorp z. B. oder Weichbrodt, Hagenström oder Rodde – ob im *Zauberberg*, in den *Buddenbrooks* oder im *Doktor Faustus*: überall ist erlebte Namenswirklichkeit anwesend. Freilich, so schattiert und frisch gesetzt, daß die verbürgten Namen einen besonderen Klang annehmen.

Zwei meiner Lieblingsgestalten, die beiden streitsüchtigen Dauerdiskutanten, hören auf die Namen Leo Naphta und Settembrini. Einen Settembrini hat es wirklich gegeben, in Neapel, im 19. Jahrhundert; ob der aber Namensvorbild für den Verteidiger des Humanitätsgedankens auf dem Zauberberg war, möchte ich bezweifeln; denn dieser Herr, ein Politiker und Literat, war, wie ich herausfand, ein Geheimbündler, der zum Tode verurteilt, später zu lebenslanger Haft begnadigt wurde. Schwer denkbar, daß Thomas Mann eine Beziehung herstellen wollte. Der Name Naphta gar: im Russischen bedeutet er Erdöl, das Ausgangsmaterial für die Pyrolyse zur Herstellung petrochemischer Grundstoffe. Kaum vorstellbar, daß der Name einen Mann erklären soll, der mit kalter Logik zu beweisen sucht, nur Askese und Krankheit könnten zum Fortschritt führen. Auch das wird offenbar: der Namensinhalt muß nicht zwangsläufig eine Namensbedeutung haben. Er ist einfach Stilmittel, nichts anderes.

Welche Namen Thomas Mann seinen Geschöpfen auch anpaßt: sie rufen sogleich etwas in uns hervor; sie lassen uns vergnügt sein und verwundert, sie laden uns zu Urteilen und Vorurteilen ein, sie lassen Bilder entstehen und Schicksale ahnen, und bei allem geben sie uns ein Gefühl für die beschwörende Kraft, die in ihnen ruht. Namen bezeichnen nicht nur, sie steigern Dasein – das Werk des Erzählers beweist es. Doch ob hier oder im Leben, in artistischer Fiktion oder in verwirrender Realität: überall erfahren wir etwas von der Magie der Namen, überall müssen wir uns eingestehen, daß nur existiert, was einen Namen hat.

II

Gordon J. A. Burgess
Pflicht und Verantwortungsgefühl: *Es waren Habichte in der Luft*, *Deutschstunde* und *Ein Kriegsende*[1]

Es ist geradezu ein literaturkritischer Gemeinplatz, daß Siegfried Lenz seine Charaktere immer wieder in Grenzsituationen versetzt, um zu prüfen, wie sie sich da verhalten. Lenz hat selber darauf hingewiesen: »Und so setze ich einzelne Personen oder kleine Gruppen einem moralischen oder politischen oder physischen Druck aus, einer Art Härteprobe also. Dadurch wird der Mensch gezwungen, seine geheimen Qualitäten bloßzustellen.«[2] Ein vor allem seit der Veröffentlichung von *Deutschstunde* (1968) nicht weniger verbreiteter literaturkritischer Gemeinplatz lautet, daß ein beliebtes und wiederholtes Lenzsches Thema der Konflikt zwischen unterschiedlichen Pflichtauffassungen ist: der Gegensatz zwischen einer sozial, gesetzlich oder politisch verordneten »Pflicht« und einer individuellen, moralischen Verantwortlichkeit.[3] Die Literaturkritik hat sich jedoch weniger mit der Art und Weise befaßt, wie Lenz diesen Konflikt dem Leser präsentiert, wie die moralische Zwangslage in der sich seine Figuren wiederholt befinden, auf den Leser übertragen werden kann, so daß dieser das Dilemma der Verantwortung miterlebt und gezwungen wird, zur eigenen Entscheidung zu kommen. Diese Technik wollen wir im folgenden an dem Beispiel von drei Werken genauer untersuchen, die zugleich drei Schaffensphasen Lenz' repräsentieren: *Es waren Habichte in der Luft* (1951), *Deutschstunde* (1968) und *Ein Kriegsende* (1984).

In Siegfried Lenz' zuletzt veröffentlichter Erzählung *Ein Kriegsende* sagt eine Figur: »Ich kann einen Befehl nur ausführen, wenn ich ihn einsehe. Wenn er sich verantworten läßt. Man muß ein Recht haben, zu fragen.«[4] Hier wird explizit die Bedrängnis von »Pflicht contra Verantwortung« problematisiert, ein Thema, das wie ein roter Faden durch Lenz' gesamtes dichterisches Schaffen verläuft. Der Sprecher Jellinek ist der älteste Feuerwerker an Bord eines deutschen Minensuchers gegen Ende des zweiten Weltkrieges. Das Boot ist vom Heimathafen an der dänischen Küste in Richtung Kurland nach Libau ausgelaufen, um dort verwundete bzw. noch kämpfende, jedoch eingeschlossene Soldaten zu retten. Die Erfolgsaussichten für eine solche Rettungsaktion sind gering; der Steuermann Bertram Heimsohn, den Jellinek hier anredet, hat diese Bedenken mehrfach dem Kommandanten gegenüber geäußert: »Es ist Wahnsinn, Tim, sagte der Steuermann, wir kommen nie durch bis Libau. [...] Ihre Flugzeuge, sagte der Steuermann, ihre Flugzeuge und U-Boote: östlich von Bornholm räumen die alles ab« (S. 11 f.). Ein Minensuchboot wird tatsächlich angeschossen, und die Besatzung rettet unterwegs zwei Soldaten, die auf einem Rettungsfloß hilflos umhergedriftet sind. Die Soldaten sind ebenso von der Unmöglichkeit des Unternehmens überzeugt: »Sie wollten nicht glauben, daß wir nach Kurland unterwegs waren, Angst lag auf ihren Gesichtern; der, der für beide sprach, bat darum, irgendwo an Land abgesetzt zu werden« (S. 13).

In dieser offenkundig hoffnungslosen Lage trifft die Nachricht der deutschen Kapitulation ein. Zwar ist es nur eine Teilkapitulation, aber sie schließt auch Dänemark mit ein. Der Kommandant weigert sich dennoch, seinen Auftrag nicht auszuführen; er erklärt, »daß er diesen auszuführen gedenke, es sei denn, das Flottillenkommando ändere seine Befehle« (S. 24). Sein Pflichtbewußtsein gerät mit seiner »Verantwortung für das Boot« (S. 22) nicht in Konflikt, ja er sieht gar nicht ein, daß ein solcher Konflikt überhaupt existieren könnte. Anders Jellinek und Heimsohn. Sie handeln im Sinne, wenn nicht gar im Auftrag der Besatzung, indem sie den Kommandanten zunächst mit der Bitte konfrontieren, »geben Sie den Befehl, zurückzulaufen« (S. 25); nach seiner Weigerung entheben sie ihn des Kommandos, »um die Sicherheit des Bootes und seiner Besatzung zu gewährleisten« (S. 25). Dadurch retten sie mit *fast* absoluter Gewißheit sich und das Schiff, werden gleichzeitig aber zu Meuterern. Entsprechend lautet später die Anklage vor einem (deutschen) Marinegericht, und wenig später werden die beiden Hauptbeteiligten, Jellinek und Heimsohn, erschossen.

Besonderes Gewicht fällt auf Jellineks Verantwortungsbewußtsein. Wenn überhaupt einer an Bord, dann ist er sich der persönlichen Gefahren bewußt, auf die er sich mit seiner Handlungsweise eingelassen hat, denn es ist nicht das erste Mal, daß er es gewagt hatte, sich einem Befehl zu widersetzen. Der Leser erfährt bereits eingangs, daß Jellinek »in langer Fahrenszeit zweimal degradiert worden war« (S. 18); und er selbst bestätigt es im Gespräch mit dem Steuermann: »Du weißt, daß sie mich degradiert haben ... Beide Male wegen Befehlsverweigerung. Und ich würd's wieder machen ... wieder, ja ...« (S. 27, sic.). Schon sein Versuch, seine Handlung zu rechtfertigen, deutet auf einen Zwiespalt hin, den er und nicht etwa der Kommandant empfindet: das Dilemma der Verantwortung. Jellinek unterliegt einem ethischen, moralischen Konflikt: Seine Pflicht wäre es, den Befehlen des Kommandanten, ohne zu fragen, nachzukommen und sie auszuführen. So sieht es der Kommandant und anschließend auch das Militärgericht. Die Pflichtauffassung des Kapitäns ist militärischer und hierarchischer Natur, klar abgegrenzt, und wird nicht von ihm in Frage gestellt; Jellineks Verantwortung ist hingegen eine persönliche, mit der sich jeder einzelne, so auch der Leser, auseinandersetzen muß, um zu prüfen, ob sie angesichts der Tatsachen den jeweiligen Verhältnissen standhält.

Ein Kriegsende ist eine Ich-Erzählung, auch wenn der Erzähler oft streckenweise hinter dem Erzählvorgang verschwindet. Obwohl schon der Stil, der nur distanziert zu berichten vorgibt, um (eine scheinbare) Objektivität bemüht ist, liegt die Sympathie des Erzählers eindeutig auf der Seite Heimsohns und Jellineks. Somit wird der Leser manipuliert, diesen Figuren Recht zu geben. Aber Jellinek als zweimal Vorbestrafter ist eine ethisch problematische Figur, zumal seine früheren Verbrechen ebenfalls auf Befehlsverweigerung hinausliefen. Wie bei Siggi in *Deutschstunde* soll der Leser auch hier mit einem rechtmäßig Vorbestraften sympathisieren, soll er ein Dilemma der moralischen Verantwortung und Rechtfertigung miterleben, die keine rigide Antwort zuläßt. Diese Technik, den Leser zu verunsichern, hat Siegfried Lenz mehrmals angewandt: Man denke etwa an den alternden Taucher Hinrichs in *Der Mann im Strom* (1957), der das Geburtsdatum in seinen Papieren verfälscht, um weiterhin arbeiten zu dürfen; oder an den Widerstandskämpfer Daniel in *Stadtgespräch* (1963), der sich weigert, sich der Besatzungsmacht zu stellen und dadurch bewußt die Erschießung von vierundvierzig Geiseln erwirkt.

Somit präsentiert Lenz mit *Ein Kriegsende*, in scheinbar schlichter Form, ein Thema, mit dem er sich immer wieder befaßt, mittels einer Technik, die er wiederholt benutzt und verfeinert hat. Fast ohne Ausnahme finden wir in seinen Romanen kontrapunktische Charakterpaare, von denen der eine, wie hier der Kommandant, seine Pflicht (oder das, was er für seine Pflicht hält, d. h., was ihm von übergeordneter Stelle auferlegt wurde) ohne Nach- bzw. Bedenken tut, und der andere, wie Jellinek (und Heimsohn), nach eigenem Ermessen handelt, obwohl er sich bewußt ist, daß er dadurch gegen seine »Pflicht« im engeren Sinne verstößt. Eine grundsätzliche Änderung der schon beim ersten Auftreten der jeweiligen Figur zugeschriebenen Anschauungen findet nicht statt, höchstens eine Vertiefung der Kluft zwischen den beiden philosophischen oder politischen Positionen. So finden wir etwa in Lenzens erstveröffentlichtem Roman *Es waren Habichte in der Luft* die gegensätzlichen Figuren Erkki und Aati. Ein Mann mit dem Decknamen Stenka findet auf der Flucht vor den Ordnungshütern zeitweilig Unterschlupf bei Erkkis Arbeitgeber Leo (der allerdings nicht weiß, daß Stenka der gesuchte Flüchtling ist). Erkki erkennt Stenka als einen ehemaligen Lehrer, er weiß, daß es seine Pflicht wäre, ihn bei der Miliz nicht nur zu melden, sondern sogar auszuliefern. Obgleich eine Prämie für die Ergreifung Stenkas ausgesetzt wurde, empfindet er Mitleid für Stenka, »obwohl er ein Mensch ist ... weil er ein Mensch ist« [sic].[5] Es kommt für ihn nie in Betracht, Stenka anzuzeigen: Er überlegt mehrmals, daß er Stenka nun doch nicht ausliefern will: »Er [Stenka; d. Verf.] will nicht zugeben, daß er der gesuchte Lehrer ist. Dabei habe ich sogar vor seinem Katheder gesessen. Ich werde ihm aber nichts tun, Gott bewahre. Der arme Kerl hat mir ja nichts getan. Und was heißt hier schon gefährlich. Gefährlich ist ein Querschläger, ein planlos umherirrendes Stückchen Blei, so ein kleiner kraftstrotzender Fremdkörper. Aber Stenka? Ich werde ihn nachher schon versöhnen. Was geht mich denn die neue Regierung an?« (S. 75 f., vgl. dazu bes. S. 33 f. und S. 39)

Am Ende gibt Erkki Stenka nicht nur passive Unterstützung, indem er ihn nicht preisgibt, sondern er leistet ihm aktiven und praktischen Beistand; er hilft ihm, bis zur Grenze (und somit in Sicherheit) zu kommen. »Ich bereue überhaupt nichts«, sagt er zu Stenka kurz vor der Grenze: »Ich würde es heute wieder tun. Ob Du es wärst oder ein anderer: jedem würde ich helfen. [...] Es muß auch ein Paar Leutchen geben, die etwas unternehmen ... Festhalten! ... ohne an das Andererseits zu denken, ich meine an ihren Vorteil, an ihr Wohlbefinden ...« (S. 250 f.)

Im Gegensatz zu Erkki steht Aati, »der kleine Theoretiker«, als Repräsentant der neuen politischen Macht, der zwar »die höchste Glücksmöglichkeit für alle Menschen« (S. 94) sowie »die Emanzipation des Menschen schnell und gewissenhaft [...] vollenden« (S. 90) will, der aber bereit ist, die Ansprüche des Individuums zugunsten eines Prozesses der »totale(n) Verwirklichung der sozialen Gerechtigkeit« (S. 90 f.) zu verleugnen: »Bleiben wir logisch! Wo gehobelt wird, da fallen Späne. [...] Die Macht einzelner muß ausgerottet werden, und das soll das Resultat unserer

Revolution sein!« (S. 91) Als andersdenkender Lehrer bedeutet Stenka für Aati und seine Genossen eine gefährliche Macht, die »ausgerottet« werden muß, damit das »Teufelsdynamit« (so Aati) seiner Gedanken verschwindet (S. 173). Jedoch soll Stenkas Gedankenfreiheit und Feindseligkeit gegenüber dem Regime in Erkki weiterleben: Zwar wird Stenka beim Fluchtversuch an der Grenze erschossen, Erkki aber überlebt im »frühlingsmatte(n) Schweigen«, und der Roman endet eher positiv als negativ: »der freundliche Himmel dehnte die blaue Brust und die Sonne, die glühende Krankenschwester, trocknete das Blut« (S. 255). In seiner Bereitschaft, den Einzelnen vor der Macht der Regime zu verteidigen und zu schützen, bestätigt und verkörpert Erkki auch hier eine Behauptung Aatis: »Man kann einen Menschen, sagen wir seine Leistungen, auch die gedanklichen Leistungen eines Menschen, nicht aus der Welt schaffen. Jeder hinterläßt seine Spuren, sichtbare oder unsichtbare« (S. 172). Damit unterminiert Aati schon in den Augen des Lesers die eigene philosophische und politische Position, und seine Gewißheit wird in Frage gestellt.

Lenz behandelt das Thema Pflicht-und-Verantwortung am ausführlichsten in dem Roman *Deutschstunde*, der ihm nationale und internationale Anerkennung einbrachte. Wieder einmal wird der Konflikt zwischen blinder Pflichterfüllung und individuellem Verantwortungsgefühl primär durch zwei Charaktere dargestellt: den Polizisten Jens Ole Jepsen und seinen Sohn Siggi. Aber in diesem Roman gibt es eine Reihe von Figuren, bei denen dieser Problemkreis etwas nuancierter zum Ausdruck kommt: zu nennen wären vor allem der Maler Nansen, die anderen Familienmitglieder und der Gefängniswärter Joswig. Hinzu kommt, daß das ganze Geschehen aus Siggis Sicht dargestellt, mehr noch: von ihm berichtet wird; festzuhalten ist also eine einseitige Erzählperspektive, die nur teilweise durch die »Diplomarbeit« des Psychologen Mackenroth ergänzt bzw. aufgehoben wird.

Die Literaturkritik hat sich eingehend mit dem Thema der »Pflicht« in Lenzens Roman *Deutschstunde* beschäftigt, so daß wir uns hier nur kurz damit befassen müssen.[6] Der Aufsatz, den Siggi schreibt, hat ja zum Titel »Die Freuden der Pflicht«[7], und Lenz selbst hat darauf hingewiesen, daß es in diesem Roman um »den Wahnsinn der Pflicht« gehe.[8] In der *Deutschstunde* ist der Pflichtbegriff komplexer ausgearbeitet als in jedem anderen Lenzschen Werk, nicht zuletzt weil der Hauptvertreter eines blinden Pflichtgehorsams, Siggis Vater, seine Konzeption von dem, was er für seine Pflicht hält, im Laufe des Geschehens ändert. Zunächst erfüllt er seine »Pflicht«, was das Malverbot für Nansen anbetrifft, nur widerwillig und findet, als er das Malverbot Nansen überbringen soll, »immer noch etwas [...], was seine Pflicht hinausschob« (S. 24). Seine Einstellung zur Pflicht gleicht der des Kommandanten in *Ein Kriegsende*: »Is in Berlin verfügt worden, das genügt [...] Ich tu nur meine Pflicht, Max« (S. 90 f.). Aber allmählich wird seine »Pflicht«, das Malverbot zu überwachen, zur fixen Idee, so daß er am Ende die Überwachung weder aufgeben will noch kann, obgleich sich die politischen Verhältnisse geändert haben. Er sagt zu Siggi: »Vieles hast du gehört, [...] aber nicht dies: daß einer sich

Lenz bei der Laudatio auf Manès Sperber

treu bleiben muß; daß er seine Pflicht ausüben muß, auch wenn die Verhältnisse sich ändern; ich meine eine erkannte Pflicht« (S. 439).

Eine derartige Pflichtauffassung ist dem Maler Max Nansen fremd: »Es kotzt mich an, wenn ihr von Pflicht redet«, sagt er zu Siggis Vater, als dieser ihm das Malverbot aushändigt (S. 91), und später, als der Polizist Nansen anzuzeigen beabsichtigt, weil dieser sich nun doch nicht an das Malverbot gehalten hat, sagt er ihm klar ins Gesicht, warum er sich gezwungen sieht, gegen dessen Pflichtauffassung zu handeln: »Gut, sagte er, wenn du glaubst, daß man seine Pflicht tun muß, dann sage ich dir das Gegenteil: man muß etwas tun, das gegen die Pflicht verstößt. Pflicht, das ist für mich nur blinde Anmaßung. Es ist unvermeidlich, daß man etwas tut, was sie nicht verlangt« (S. 208). Die Reaktion des Polizisten – »Was meinst du damit? fragte mein Vater mißtrauisch« – zeigt, wie unüberbrückbar die Kluft zwischen den beiden Charakteren und deren Pflichtauffassung bleibt.

Es ist auffallend, daß die Einstellung Nansens zum Pflichtbegriff Jens Jepsens *mutatis mutandis* der Einstellung Jellineks gegenüber dem Kommandanten in *Ein Kriegsende* genau entspricht: Es ist die Einstellung, zu der schließlich auch Erkki in *Es waren Habichte in der Luft* gelangt. So hat sich an Lenz' moralischem Standpunkt, der schon in seinem ersten Roman zum Ausdruck kommt, nichts geändert. Auch liegt die Technik, wie er diesen Problemkomplex dem Leser präsentiert, schon in dem ersten Roman offen zutage: Durchweg werden die unterschiedlichen Aspekte von Pflicht und Verantwortung jeweils in einer oder mehreren Figur(en) verkörpert. Seine Charaktere funktionieren hauptsächlich oder sogar ausschließlich als Träger ethischer Werte. In *Ein Kriegsende* behandelt Lenz sein Grundthema mit einem Maximum an Knappheit und Deutlichkeit; in keinem anderen Werk als der *Deutschstunde* stellt er sein Thema in so nuancierter und differenzierter Weise dar.

Weder Jepsen noch Nansen unterliegen einem Dilemma der Verantwortung: Beiden ist klar, wie sie sich zu verhalten haben. Dies gilt für Jepsen z. B. nicht nur in bezug auf das Malverbot, sondern auch in der Einstellung zu seinem Sohn Klaas, der einem Lazarett für Gefangene entlaufen ist: »Was geschehen muß, wird geschehen« (S. 119), versichert er seiner Frau, als sie von Klaas' Desertion erfahren; als Klaas nach Hause gebracht wird, übergibt sein Vater ihn der Militärpolizei – »Er wußte doch, was ich tun muß; meine Pflicht, die kannte er doch« (S. 258); und nach dem

Krieg noch erteilt er Klaas Hausverbot: »Solange ich lebe, wird er sein Elternhaus nicht mehr betreten, und uns wurde untersagt, den Namen von Klaas zu denken oder auszusprechen. Ihr werdet ihn einfach streichen aus eurem Gedächtnis« (S. 432).

Vor allem bei Siggi ist die Lage anders, und da der Leser alles aus seiner Perspektive (mit Ausnahme der Mackenroth-Berichte) sieht, weitet sich Siggis ambivalente Haltung auf den ganzen Roman aus, beeinflußt sie auch die Einstellung des Lesers zum Problem Pflicht-und-Verantwortung. Obwohl Siggi mehrmals bemüht ist, dem Leser zu versichern, sein Bericht sei wahrheitsgetreu, stellt er ebenso oft seinen eigenen Bericht in Frage. Zudem betont er wiederholt, daß er »zuviel zu erzählen« (S. 11) habe: schon deshalb ist seine Klassenarbeit zur Strafarbeit geworden. An anderer Stelle drückt er sein Erzählverfahren so aus: »Mir genügen die Boden-und Wasserproben von Rugbüll, hier werfe ich mein Planktonnetz aus über meiner dunklen Ebene, hier sammle ich ein, was sich fängt« (S. 428). Wenn sein Bericht, sein Berichten, in diesem Maße durch den Zufall beherrscht wird, werden sogar die vermeintlichen Gewißheiten in Frage gestellt, und somit wird der Leser verunsichert. Dies gilt auch in Hinsicht auf Siggis Charakter.

»Ich bin stellvertretend hier für meinen Alten, den Polizeiposten Rugbüll« (S. 539), äußert sich Siggi einer Gruppe von Psychologen gegenüber. Siggi arbeitet an einer Strafarbeit innerhalb einer Strafanstalt – büßt also durch seinen Bericht gleichzeitig zwei auferlegte Strafen ab. Im Laufe seines Berichtes wird allmählich klar, daß er der gleichen geistigen Entwicklung unterliegt wie einstmals sein Vater. In dem Maße, wie sein Vater den Maler Nansen immer unerbittlicher verfolgt, ist Siggi um so hartnäckiger bemüht, Nansens Bilder vor dem Polizisten zu retten: »Ich hab Bilder in Sicherheit gebracht, denen mein Alter nachstellte. Das war's« (S. 537). Mackenroth bezeichnet es so: »Der Zwangsvorstellung des Vaters [...] entsprach die durch Furcht hervorgerufene Obzession des Knaben«, »Die Zwangsvorstellung, Bilder in Sicherheit bringen zu müssen« (S. 496 f.). Dies führt dazu, daß Siggi zum Bilderdieb wird, was letzten Endes überhaupt der Grund dafür ist, daß er sich in der Strafanstalt befindet. Auch Siggi hat ein anfängliches Dilemma der Verantwortung überwunden: Ob er seinem Vater gehorchen sollte, der ihm befahl, ihm bei der Überwachung des Malverbots zu helfen, oder dem Maler Nansen, der ihn ebenfalls um seine Hilfe bat. Aber in Siggis Fall hat seine wohl moralisch richtige Entscheidung, auf der Seite von

Nansen zu stehen, dazu geführt, daß er zum Kriminellen wurde. Sein Verantwortungsbewußtsein wird nicht eindeutig positiv dargestellt, dem Leser bleibt ein unbehagliches Gefühl.[9]

Lenz führt den Leser in Versuchung, sich mit der Hauptfigur Siggi zu identifizieren, oder aber für die moralischen Wertmaßstäbe eines jugendlichen Kriminellen Verständnis zu haben bzw. sie zu übernehmen. – Eine Parallele zu der Figur des Jellinek in *Ein Kriegsende*, der schon zweimal vorher wegen Befehlsverweigerung bestraft und degradiert wurde, wird sichtbar. In beiden Texten zwingt Lenz den Leser zur Selbstüberprüfung, indem er ethisch zweifelhafte Charaktere auswählt, die jeweils anscheinend ethisch »richtige« Tat zu unternehmen. Somit wird das Lenzsche Grundthema, das vom ersten Roman bis zur vorläufig letzten Erzählung auffallend unverändert geblieben ist, in immer neuen Variationen dargestellt, und der Leser wird immer wieder von neuem aufgefordert, sich mit ihm und mit sich selbst auseinanderzusetzen.

Anmerkungen:

1. Kollegen Jürgen Thomaneck danke ich für seine Hilfe bei der Anfertigung des Manuskripts.
2. In: Ekkehart Rudolph, *Aussage zur Person*. Tübingen/Basel 1977, S. 144.
3. Zum Rezeptionsproblem bei Lenz vgl. meine Studie *The Reception of Wolfgang Borchert, Wolfgang Koeppen and Siegfried Lenz: An Examination of Critical Attitudes 1946 – 1978*. Aberdeen 1982.
4. Zitiert wird jeweils nach der Erstausgabe der Lenzschen Werke, alle bei Hoffmann und Campe, Hamburg. Hier *Ein Kriegsende* (1984), S. 28. – Weitere Seitenangaben im Text.
5. *Es waren Habichte in der Luft* (1951), S. 39.
6. Einen Überblick bietet Nikolaus Reiter: *Wertstrukturen im erzählerischen Werk von Siegfried Lenz*. Frankfurt a. M. u. a. 1982, S. 275 – 290.
7. *Deutschstunde* (1968), S. 10.
8. Rudolph, a. a. O., S. 147.
9. Das Thema der Leserreaktion auf *Deutschstunde* behandelt am ausführlichsten Theo Elm in seiner Arbeit *Siegfried Lenz, »Deutschstunde«. Engagement und Realismus im Gegenwartsroman*. München 1974.

Manfred Durzak
Männer mit Frauen. Zu den Kurzgeschichten von Siegfried Lenz

I.

Über einer berühmten Sammlung von Hemingways Kurzgeschichten steht der Titel *Männer ohne Frauen.*[1] Dieser Titel wirft ein Schlaglicht auf die Wirklichkeit, die sich in vielen Short Stories Hemingways verdichtet hat: Es ist eine Welt der heroischen Einzelgänger, die gegen eine chaotische Wirklichkeit – im Kampf, im Krieg, in der Auseinandersetzung mit Naturgewalt und mit menschlicher Gewalt – antreten, diese Wirklichkeit herausfordern und sich auch in der Niederlage nicht aufgeben, sondern, im Härtetest einer bestimmten Entscheidungssituation, sich selbst für künftige Auseinandersetzungen wappnen. Es ist eine – so könnte man kritisch sagen – dem Männlichkeitskult verfallene Welt, in deren Repertoire von Kämpfen-und Sich-beweisen-müssen den Frauen allenfalls temporäre Nebenrollen zugebilligt werden. Selbst im anekdotischen Dunstkreis von Hemingways biographischem Umfeld hat dieser Männlichkeitskult seine deutlichen Spuren hinterlassen: Das Image des draufgängerischen Champion der amerikanischen Literatur ist mit Hemingways Vorliebe für die gefährliche Jagd, für den Stierkampf, für den Boxkampf untrennbar gekoppelt. Es ist in der Tat eine frauenlose Welt und damit auch eine Welt jenseits der bürgerlichen Lebensformen, welche die Gesellschaft für den einzelnen bereithält.[2]

Unter den wichtigen deutschen Kurzgeschichtenautoren der Nachkriegszeit ist Siegfried Lenz wie wenige andere dem Sog und der Faszination des literarischen und biographischen Beispiels Hemingways erlegen. Doch er hat zugleich diesen übermächtigen Einfluß, der seine literarischen Entwicklungsmöglichkeiten zeitweise lähmte, freimütig eingestanden[3] und auch in der allmählichen Distanzierung von dem bewunderten Vorbild an seiner Hochschätzung Hemingways festgehalten. Ich habe bereits an anderer Stelle nachzuweisen versucht[4], wie stark sich diese Nähe zu Hemingway in der Kurzgeschichtenproduktion von Lenz ausgewirkt hat. Nicht nur Lenz' Geschichte *Der Anfang von etwas* ist eine Weiterschreibung und Gegenentwurf der Hemingway-Story

The End of Something. Auch in Lenz' Geschichte *Das Wrack* läßt sich eine Adaption der Hemingway-Story *After the Storm* erkennen. Über der Lenzschen Geschichte *Das Feuerschiff* liegt ebenso deutlich der Schatten von Hemingways Roman *To Have and Have Not*, wie seine Geschichte *Der Jäger des Spotts* auf *The Old Man and the Sea* zurückweist.

Dem Autor Lenz dieser Kurzgeschichte (und vieler anderer, welche die Schulung an Hemingway verraten) will ich mich hier nicht zuwenden. Wie der Titel dieser Überlegungen – Männer *mit* Frauen – bereits signalisiert, geht es hier um Erzählbeispiele des Autors Lenz, die jene Wirklichkeitsbereiche der Alltäglichkeit zu erfassen suchen, die aus dem heroischen Raster Hemingways herausfallen. In seinem Essay *Mein Vorbild Hemingway* hat Lenz diesen Vorgang der Distanzierung von Hemingway, gleichbedeutend für ihn mit dem Gewinn von künstlerischem Neuland, so beschrieben: »Die begrenzte, aus künstlerischer Vorsätzlichkeit begrenzte Perspektive Hemingways gab keinen Blick frei auf die Sachverhalte, Konflikte, Motive, die ich an meinem Ort, in meiner Umgebung entdeckte und die ich mich allmählich für ebenso wichtig zu halten gezwungen sah wie die Wirklichkeit des Kampfes und die heroischen Augenblicke des Scheiterns à la Hemingway. Manchmal wird ja auch Milch getrunken und sehr oft auch Tee, und ich mußte in dieser Hinsicht Tschechow zustimmen, der die Welt am Teetisch zum Einsturz bringt [...] Ich lernte einsehen, daß Leben nicht nur aus Momenten gewaltsamer Erprobung besteht.« (S. 59)

Lenz hat diese spezifische Abkehr von Hemingway auch in einer seiner Kurzgeschichten vollzogen, die den ironischen Titel trägt *Lieblingsspeise der Hyänen*.[5] Der Protagonist der Geschichte ist der sprichwörtliche Hemingwaysche Held, der sich in der Nachkriegszeit auf einer Erinnerungsreise in Europa befindet, in Begleitung seiner Frau und ihrer erwachsenen Tochter. Während er daran interessiert ist, die Spuren der kriegerischen Auseinandersetzungen nochmals zu sichten und so – ein kaum verhüllter Hinweis auf eine von Hemingways berühmtesten Geschichten aus dem Spanischen Bürgerkrieg *Old Man at the Bridge* – herauszufinden, ob jener alte Mann mit seinen Schafen auf der Brücke, die er sprengen mußte, umkam oder gerettet wurde, wird er von den beiden Frauen seiner Begleitung entmündigt. Dem Konsumrausch des American Way of Life verfallen, ist das Europa der Nachkriegszeit ein einziges Warenhaus für sie, in dem sie sich kraft ihrer Dollars als Könige fühlen. Die beiden Frauen sind auf allen Reisestationen nur an einem interessiert:

Schuhe zu kaufen, Schuhe, »die Lieblingsspeise der Hyänen«. Der einstige amerikanische Kriegsheld ist, in den Ehealltag der Nachkriegszeit zurückgekehrt, zur Karikatur eines unterwürfigen und entscheidungsschwachen Ehemanns geworden, der sich unter der Fuchtel einer amerikanischen Matrone duckt. Er ist in gewisser Weise – um eine berühmte Geschichte James Thurbers aufzugreifen, *The Secret Life of Walter Mitty*, wo die Leidensgeschichte eines amerikanischen Mannes an der Seite eines sprichwörtlichen Ehedrachens satirisch aufgerollt wird[6] – zu einem Walter Mitty geworden, der sich in seine heroische Vergangenheit vergeblich zurücksehnt. Lenz' Geschichte läßt sich so als ironischer Abgesang auf Hemingway lesen: Die Wirklichkeit der Alltagswelt macht den heroischen Einzelkämpfer von einst lächerlich. Er vermag sich im häuslichen Bereich nicht einmal gegenüber seiner Frau zu behaupten. Freilich ist hier zu fragen, ob diese implizierte Darstellungsweise der Frau sich nur komplementär zu einer Welt von Männern ohne Frauen verhält. Anders formuliert: die Ausgrenzung der Frau aus den essentiellen Situationen männlicher Wirklichkeitserfahrung entspricht ihrer Dämonisierung zur Schreckfigur und damit zum Gegenteil eines partnerschaftlichen Gegenübers. In beiden Fällen bleibt das Bild der Frau negativ akzentuiert. Daß diese Tendenz bei Hemingway angelegt ist, bedarf keiner ausführlichen Begründung. Die Frage ist, ob diese sich von Hemingway absetzende soziale Wirklichkeit einer Welt von Männern mit Frauen bei Lenz auch unter dem Aspekt eine qualitative Differenz aufweist, daß die Darstellung der Wirklichkeit des partnerschaftlichen Miteinanders über Stereotypen hinausweist.

II.

Ich will versuchen, im folgenden unter diesem spezifischen Aspekt einen Querschnitt durch die Kurzgeschichtenproduktion von Lenz zu legen. Es geht also um Geschichten, die sich von dem Muster einer auf heroische Entscheidungen zusammengedrängten Wirklichkeit emanzipiert haben und den Blick auf die unscheinbaren Katastrophen und Bewegungen einer alltäglichen Umwelt richten, in der sich die soziale Wirklichkeit unserer Tage, ins erzählerische Gleichnis gebracht, abbildet. Unter rein stofflichem Aspekt könnte man vereinfacht sagen: Es handelt sich um Ehe-Geschichten, wobei allerdings die partnerschaftliche Beziehung als Kernzelle sozialer Aktivität einen paradigmatischen Stellenwert hat: einerseits als eine von kirchlichen und moralischen Traditionen sanktionierte Lebensnorm, die unserer gesamten kulturellen Überlieferung ihren Stempel aufgeprägt hat, und andererseits als das Wagnis einer existentiellen Kommunikation, die den einzelnen aus seiner Isolation und Vereinzelung herausführt. Daß damit, vom gegenwärtigen Problembewußtsein aus betrachtet, ein soziales Krisengelände beschritten wird, läßt sich nicht übersehen. Die Signale dieser Krise erreichen uns täglich: nicht nur in der Statistik der Ehescheidungen, nicht nur in der Tendenz der Jüngeren, sich zunehmend auf ein Leben allein einzurichten, nicht nur in der ständig wachsenden Zahl von Frauenhäusern, nicht nur in den Appellen der Frauenbewegung, sondern auch in einer faktischen Katastrophenbilanz, die man so umschrieben hat: »Denn es vergeht keine Woche, in der nicht irgendwo in der Bundesrepublik, nur zu oft an mehreren Gerichtsorten zur gleichen Zeit, über das verhandelt wird, was man die ›Tötung des Intimpartners‹ nennt.« (S. 103) Oder wie Max Frisch in *Montauk*[8] an einer Stelle ausgeführt hat: »Es braucht eine Ehe, eine lange, um ein Monster zu werden.« (S. 155) Und im *Tagebuch 1946 – 1949*[9] findet sich das autobiographische Bekenntnis: »Einmal habe ich die Eifersucht bis zum Rande erlebt, gräßlich, habe eine Waffe gekauft und im Wald, nach einem zehnstündigen Marsch, Probeschüsse veranstaltet.« (S. 716)

Das Erfahrungsgewicht dieses Konfliktfeldes läßt sich nicht aus einer reflexhaften Defensivhaltung heraus auf bestimmte problematische Individuen eingrenzen. Hier gibt sich vielmehr eine anthropologische Grunddisposition zu erkennen, die mit dem Kanon unserer moralischen und kulturellen Normen und damit auch mit deren Problematisierung in der Gegenwart engstens verschwistert ist. Aus kulturanthropologischer Sicht[10] gilt ebenso die Feststellung: »Die Ehe wäre damit für das Paar der Ort der Anerkennung zweier Subjektivitäten. Es geht darum, die Existenz einer Beziehung zwischen einem Mann und einer Frau, die in ihrer Andersheit sich so weit akzeptieren, daß sie ihre Geschichte gemeinsam machen wollen, öffentlich zu machen und sie an eine Gruppe zu binden« (S. 302) wie auch die Analyse der gegenwärtigen Situation: »Warum sollte man dann aber noch heiraten, wenn die Ehe nicht mehr als Glück erhofft wird und das Glück nicht mehr der Beweggrund oder die Erwartung eines zukünftigen Lebens ist? Ist die Ehe nicht völlig überholt? Ist sie nicht die Einrichtung eines anfechtbaren Verhältnisses zwischen Mann und

Frau, das die Frau mehr oder weniger streng unter die Vormundschaft des Mannes hält und dazu beiträgt, sie in einer gänzlich vom Mann übertragenen Funktion festzuhalten?« (S. 300)

Die hier angedeutete Ausweitung des Problemumkreises, der Lenz sicherlich einschließt, soll nicht im Sinne einer biographischen Rückkoppelung mißverstanden werden. Der sein Privatleben eher nach außen abschirmende Autor, der seine Frau in den vierziger Jahren im Redaktionsbüro der *Welt* kennenlernte, wo er volontierte, hat einmal über seine kinderlos gebliebene Ehe ausgeführt:[11] »Wie ich sie brauche, bei uns fällt alles zusammen, Lektüre wird nicht aufgeteilt, sondern gemeinsam konsumiert, ob der gesamte Dostojewski oder Fontane. Und darüber stimmen wir uns ab. Lilos Investition ist kaum abzuschätzen, und als ich über die Wracks nach dem Krieg im Hamburger Hafen schrieb, es waren dreitausend, da recherchierte sie, und sie archiviert und kontrolliert, sie ist meine erste Kritikerin. Ich schreibe alles mit der Hand, jeden Tag werden es zwischen einer und drei Seiten, und meine Handschrift ist wie verspielter Fliegendreck. Seit achtundzwanzig Jahren schrieb sie viele tausend Seiten.« (S. 68) Möglich, daß eine solche symbiotische Beziehung, in der sich die Frau schützend und helfend dem Manne unterordnet und damit auch mit ihrer Subjektivität in seiner Arbeit aufgeht, dem Ideal einer Schriftsteller-Ehe sehr nahekommt. Es gibt andere Beispiele, die nach diesem Muster gezeichnet sind.[12] Eine Perspektive, die von Erfahrungen und Erkenntnissen der Frauenbewegung bestimmt ist, wird sicherlich zu einer anderen Einschätzung kommen, auch wenn im Falle von Lenz noch eine Sonderbedingung zu berücksichtigen ist: ein asthmatisches Leiden seiner Frau, dem ihre Lebensweise in mancher Hinsicht Rechnung zu tragen hat. Aber diese biographische Folie des Problemfeldes ist weniger entscheidend als die allgemein gesellschaftliche Dimension, die sich darin abbildet. Die Hemingwaysche Wirklichkeit einer in vieler Hinsicht frauenlosen Männerwelt ist eine archaische Welt, die entweder in einer historisierten Natur angesiedelt ist oder die Geschichtlichkeit der zivilisatorischen Entwicklung im Krieg und in der Katastrophe im Zustand der Auflösung präsentiert. Die Lenzsche Realität, für die das Stichwort Männer mit Frauen steht, meint die Erfahrung unserer gegenwärtigen Gesellschaft unter einem zentralen Aspekt:[15] »Zwischen den Menschen, die miteinander als Partner zu leben versuchen, steht alles auf dem Spiel.« (S. 105)

III.

In dem bisher letzten Erzählband von Lenz, *Einstein überquert die Elbe bei Hamburg*[14], ist das Schlußstück *Die Phantasie*[15] überschrieben. Es ist eine umständlich eingeleitete Rahmengeschichte, die drei miteinander bekannte Schriftsteller mit unterschiedlichen Auffassungen von der Aufgabe der Literatur am Schluß einer gemeinsamen Lesung in einer Hamburger Kneipe vorführt. Die eher beiläufig weitergeführte Diskussion ihrer literarischen Auffassungen erhält plötzlich eine andere Qualität, als sie sich spielerisch zu einem erzählerischen Experiment entschließen, das vom Anblick zweier Gäste im selben Lokal ausgelöst wird: eines jungen Burschen, der sich am Spielautomaten seine Zeit vertreibt, und einer »vielleicht zehn oder zwölf Jahre« (S. 274) älteren Frau, die verkrampft am Tisch sitzt und trinkt und es an einer Stelle zuläßt, daß der Bursche, den sie offenbar kennt, ihre Handtasche auf den Tisch kippt, um nach weiteren Münzen für seinen Automaten zu suchen. Jeder der drei versucht nun, sein schriftstellerisches Credo zu dokumentieren, indem er die Situation der beiden Fremden zu einer Geschichte ausspinnt. Der Unterschied zwischen ihren literarischen Positionen – der eine ist Realist und pocht auf nachprüfbare Erfahrungen, der andere glaubt sich der Wahrheit nur durch eine phantasiebedingte Überdrehung der Realität auf der Spur, der dritte nimmt eine vermittelnde Position ein – scheint mir in diesem Kontext weniger wichtig, als die Verhaltensmuster, die von den Autoren für diese Zweierbeziehung entwickelt werden. Der Realist entwickelt eine Ehebruchsgeschichte zwischen einer in ihrer ehrbaren Bürgerlichkeit offenbar erstickenden Frau und einem jüngeren Liebhaber, der in einer Laubenkolonie kampiert, arbeitslos ist trotz seiner Versuche, beruflich Fuß zu fassen. Die bevorstehende Versetzung ihres Mannes hat eine Entscheidungssituation heraufgeführt: Sie will ihrem Mann folgen und sich von ihrem Liebhaber lösen. Der Zufall spielt jedoch Schicksal und verhindert die einfache Auflösung der Liaison. Als sie auf dem Rückweg den Freund im Taxi in die Stadt mitnimmt, wird der Taxifahrer in einen Verkehrsunfall verwickelt, dessen Hergang sie bezeugen muß. Der Konflikt, in den sie gerät, ist offensichtlich: Ihre Affäre wird an die Öffentlichkeit dringen, ihrem Mann sicherlich nicht verborgen bleiben und ihre gerade wieder restaurierte Scheinehe endgültig erschüttern. Sie hinterläßt dem Taxichauffeur einen Zettel mit falschem Namen, während ihr in der Kneipe klar wird, daß er ja in Wirklichkeit weiß, wo sie wohnt, da er sie mit dem Taxi abholte. Ein die Formalien der Kurzgeschichte sicherlich gekonnt einsetzendes Erzählstück, das alles aufweist, was traditionell zum Gattungsprofil dieser Prosaform gehört: die Dominanz eines bestimmten Gegenwartsausschnitts, realistisch gezeichnete Figuren, Handlungsverknüpfung und Peripetie mit plötzlicher Katastrophenerwartung. Und doch bleibt die Geschichte merkwürdig eindimensional und flach. Der Umriß der Personen öffnet sich nirgendwo zu einer psychologischen Tiefenschicht. Damit ist nicht das Fehlen der Techniken literarischer Psychologisierung gemeint (etwa durch erlebte Rede oder inneren Monolog), sie sind der Kurzgeschichte eher fremd. Was fehlt, ist das Vergegenständlichen seelischer Vorgänge durch die präzise Beschreibung. Was in den Personen innerlich vorgeht, muß in ihrem Verhalten, in ihrem Dialog sichtbar werden. Erst dadurch würde auch das stereotype Handlungsmuster dieser Ehebruchsgeschichte transzendiert. Oder anders gesagt: Lenz' fiktiver Erzähler fügt diesem stereotypen Muster keine neue Erfahrung hinzu. Die Konsequenz, die sich dem Leser vielmehr aufdrängt, ist die einer christlich-patriarchalischen Moral: Auch die verspätete Reue macht die »Sünde« des Ehebruchs nicht ungeschehen, die Frau – der Verkehrsunfall ist wie ein verdecktes »Gottesgericht« – wird dafür zahlen müssen. Es ist die Moral der herrschenden gesellschaftlichen Übereinkunft, mit der diese Geschichte übereinstimmt. Gewiß mag der Kommentar des fiktiven Erzählers Gregor zutreffend sein: »[...] alles sagt mir, daß hier keine außerordentliche Geschichte zu erwarten ist. Was wir annehmen dürfen: ehrbare Banalität –« (S. 283), wobei die Kennzeichnung »ehrbar« unfreiwillig ironisch ist. Doch die Doppelbödigkeit dieser Banalität wird nicht aufgestoßen in dem Sinne, wie Lenz an anderer Stelle Tschechow zitiert hat, »der die Welt am Teetisch zum Einsturz bringt [...]« (S. 59). Die Banalität wird lediglich reproduziert, und das verleiht der Geschichte einen affirmativen Akzent.

Es ist aufschlußreich, daß auch der die Realitätswiedergabe mit Mitteln der Phantasie überhöhende fiktive Erzähler Dieter Klimke in seiner Darstellung in vertraute Muster, hier nur satirisch überzogen, verfällt. Die Schwungfeder eines Vogels, die sich in der Handtasche der Frau befand, wird in ein märchenhaftes Requisit verwandelt, das an die sogenannten Erkenntnisbrillen in Grass' Roman *Hundejahre* erinnert, wo diese Brillen die Vertreter der jungen Generation befähigen, die verdrängte NS-Vergangenheit der Elterngeneration mit allen moralischen Hypotheken klar zu erkennen. Hier befähigt das Wundermittel der Feder die Frau, trennende Mauern und Steine zu schmelzen, um hinter die Kulissen des Alltags im Leben der Mitmenschen zu sehen. Der erzählerische Trick macht die Frau zum Voyeur. So erkennt sie beispielsweise durch ein Loch in der Wand, wie es in Wirklichkeit um die Ehe des »feinsinnigen Physiklehrer(s)« (S. 298) Töpfle und seiner »schöne(n), unwirsche(n) Frau« (S. 298) steht. Es erscheint das grell überlichtete Zerrbild einer sadomasochistischen Partnerbeziehung, die Nietzsches so häufig kolportiertes Wort von der Peitsche als unverzichtbarem Requisit bei einem Damenbesuch ins Gegenteil verkehrt. Frau Töpfle hat ihrem Mann, der »ein blauweißes Turnkostüm« (S. 298) trägt, eine Leine um den Hals gelegt und läßt ihn mit der aufmunternden oder strafenden Peitsche über künstliche Hindernisse springen, die aus Mobiliar und Einrichtungsgegenständen bestehen: »[...] er stürzt, er verliert seine nickelgefaßte Brille, und die Frau gibt in schmerzlicher Enttäuschung die Leine frei, läßt die Peitsche auf ihn fallen [...].« (S. 299) Die Ehe erscheint hier als eine private Folterkammer, in der erzählerischen Darstellung als bloße xbeliebige Karikatur, ohne erzählerisches Hinterland, funktionslos eigentlich. Das wird vor allem deutlich, wenn man an die Darstellung des einstigen Helden in *Lieblingsspeise der Hyänen* denkt. Auch hier ist der Ehemann domestiziert worden, er erscheint nur noch als willenloses Anhängsel der Frau. Doch die kritische Perspektive dieser Darstellung zielt nicht nur auf einen soziologischen Tatbestand der amerikanischen Gesellschaft, sondern gibt sich auch als Parodie des Hemingwayschen Machismo zu erkennen. Die Karikatur in der Geschichte *Die Phantasie* ist künstlerisch risikolos wie auch das Gegenstück dazu, das die Frau gleichfalls durch eine durchlässig gewordene Wand in ihrem Wohnhaus erspäht: »der Sohn des bedeutenden, allzeit höflich grüßenden Schauspielers Kreuzer« (S. 302) ist dabei, den Puppen seiner abwesenden Schwester den Garaus zu machen: »Er klatscht in die Hände, wenn ein Panzer oder ein Schneepflug eine Puppe rammt, niederzwingt, überfährt [...].« (S. 302) Er hat die Puppen zudem – Freud läßt grüßen – alle entkleidet und »nackt auf den Boden« (S. 302) gestellt. Beide Szenen sind sicherlich spiegelbildlich aufeinander bezogen. Was dahinter zum Vorschein kommt, ist das Stereotyp vom Geschlechterkampf, von Lenz hier künstlerisch unverbindlich zitiert.

Sicherlich wäre es ungerecht, Lenz' erzählerische Darstellungsfähigkeit nur am Beispiel dieser Geschichte illustrieren zu wollen, die Wolfdietrich Schnurre[16] mit guten Gründen als »farblos und matt« charakterisiert hat. Angesichts des spezifischen thematischen Querschnitts, um den es in diesen Ausführungen zu den Kurzgeschichten von Lenz geht, ist es jedoch bemerkenswert, mit welchen stereotypen Vorstellungsmustern Lenz die Partnerbeziehung darstellt.

In dem Band seiner *Gesammelten Erzählungen*[17] sind mehrere Geschichten enthalten, die auf das gleiche Themenspektrum bezogen sind und verschiedene Facetten sichtbar machen. Hier gelingt es dem Erzähler Lenz in der Tat, in der Lakonie einer kurzen Geschichte, die sich nur auf dinglich wahrnehmbare Wirklichkeit einzulassen scheint, die Katastrophen blitzartig aufleuchten zu lassen, die in der Intimbeziehung von Mann und Frau angelegt sind. *Küste im Fernglas*[18] schildert den morgendlichen Spaziergang des dicken Burow – »ein schwerer Mann mit bekümmertem Karpfengesicht« (S. 501) –, der wie stets die Küste mit seinem Fernglas absucht. Er ist auf der Suche nach dem Leichnam seiner Frau, die an einem Sonnabendmorgen mit einem »kleinen Vertreter« (S. 504) aufs Meer hinausgesegelt und offenbar mit ihm zusammen in der Bucht ertrunken ist: »Vom Segeln verstand er nichts: nur das Boot wurde angetrieben und das Kissen. Niemand weiß, was mit ihm geschehen ist.« Burow unterhält sich mit dem alten Feddersen über den scheinbaren Unglücksfall, läßt sich nur unwillig vertrösten mit der Aussicht, daß das Meer im Frühjahr alles anschwemmen wird, auch die Leichen des Vertreters und der Frau. Die in sparsamen Andeutungen skizzierte Situation deutet trotz des Unglücksfalls auf eine, zumindest an der Oberfläche, intakte Welt. Der überraschend Verwitwete dokumentiert seine Trauer und sein Betroffensein in der unermüdlichen Suche nach seiner ertrunkenen Frau. Doch es gibt immer wieder Signale, die diese scheinbar intakte Oberfläche brüchig werden lassen. So äußert Burow an einer Stelle im Gespräch mit dem Alten: »Ich wollte sie nur begraben [...] Wenn sie nicht tot wäre – wahrscheinlich wäre ich dann nicht gekommen. Aber sie muß ertrunken sein, sonst hätte sie sich gemeldet.« (S. 507) Die vorgezeigte Haltung der Trauer beginnt zweideutig zu werden. Unterschwellig scheint Burows hartnäckige Suche nach den Überresten seiner Frau stärker als von Gefühlen der Verlassenheit davon motiviert, ihren Tod bestätigt zu erhalten. Ein Tod, der ihm gleichsam Recht zu geben scheint, denn hinter dem Ausflug aufs Meer verbirgt sich offenbar mehr: »Sie war nicht allein im Boot, aber von ihm hört man gar nichts, niemand weiß, was mit ihm geschehen ist, mit dem Vertreter, der sie ›rausgebracht‹ hat [...] Ein kleiner Vertreter war er, der nichts hatte als sein Fixum und seine Bügelfalten.« (S. 504) Die soziale Degradierung des fremden Mannes, die sich hier in den Worten des Geschäftsmanns Burow verrät, läßt Affekte anklingen, die in dem andern Mann den möglichen Nebenbuhler zu treffen scheinen. Ohne daß Lenz vordergründig psychologisiert, wird in dem Handlungsmodell der Geschichte zugleich das seelische Drama evoziert, das sich hinter dem Unglücksfall verbirgt. Aus dem trauernden Ehemann wird unverhofft der triumphierend Überlebende, der den Leichnam der Frau als letztes Beweisstück einfordert für die an der Fremdgehenden vollzogenen Strafe des Himmels.

Der überraschende Handlungsumschwung (auch in dieser Hinsicht werden die Gattungsmöglichkeiten der Kurzgeschichte geradezu musterhaft erfüllt) deutet sich an, als Burow plötzlich bei dem aus der Kate heraustretenden Jungen den Schal seiner Frau entdeckt und, in Unruhe versetzt, herausfinden will, woher er den Schal hat. Der Junge flieht zur Steilküste herüber. Burow verfolgt seine Flucht mit dem Fernglas: »[...] jetzt erschien in dem münzrunden Ausschnitt ein laufender Junge mit einem Karton auf der Schulter, über die zerrissene Steilküste lief er dahin, auf einem schmalen Weg, der in die Strandkiefern führte. Und bevor er noch die Strandkiefern erreicht hatte, sah Burow eine Frau sich von der Erde erheben, sah, wie sie auf den Jungen zutrat und ihm das Paket abnahm. Er erkannte sie wieder, es war seine Frau.« (S. 507) Auf die Frage des Alten, ob er etwas sähe, antwortet Burow mit einer Lüge, und er bestätigt dessen Resümee: »Wer ertrinkt, is man tot [...].« (S. 508) Aus dem Triumph des Überlebenden ist die Niederlage des verlassenen Ehemanns geworden, der nun die Gewißheit hat, vor der er sich fürchtete: daß seine Frau ihn in der Tat verlassen hat.

Es gibt eine andere Geschichte von Lenz, die sich geradezu als Gegengeschichte dazu lesen läßt: *Die Flut ist pünktlich*[19]. *Küste im Fernglas* wird aus der Perspektive des Ehemanns erzählt, in *Die Flut ist pünktlich* ist es die Perspektive der Frau. In beiden Geschichten versucht die Frau, aus einer Ehe auszubrechen, von der offenbar nur noch Trümmer vorhanden sind. Beide Male geht es um die Flucht in eine neue Beziehung an der Seite eines anderen Mannes. Und auch der erzählerisch in sinnliche Prägnanz umgesetzte Wirklichkeitsausschnitt deckt sich in beiden Erzählbeispielen: Es ist die Nordseeküste mit Deich und Wattenmeer, mit dem »Geruch von Tang und Fäulnis [...] unter dem großen und grauen Himmel« (S. 127 f.). Während der Ehemann zu seiner täglichen Wanderung durchs Watt zu einer Hallig aufbricht, um rechtzeitig bei Eintreten der Flut wieder zurück zu sein, trifft die Frau seit zehn Tagen, der Dauer ihres Ferienaufenthalts an der Küste, in einer Strandkate ihren Liebhaber. Im Gespräch zwischen der Frau und ihrem Freund wird die Agonie ihrer Ehe, aber auch die Unentschlossenheit ihrer eigenen Beziehung rekapituliert. In den zwei Jahren, die sie sich bereits kennen, hat sich auch in ihrer Beziehung bereits Bitterkeit angesammelt. Während der Freund ihr vorwirft, sich nicht während dieser Zeit von ihrem Mann getrennt zu haben, aber andererseits jetzt Mitleid mit ihrem Mann empfindet und sie aus diesem Gefühl heraus bat, ihren Mann heute bei seinem Gang durchs Watt zu begleiten, versucht sie, die immer aufgeschobene Entscheidung nun herbeizuführen. Ohne daß Lenz vordergründig psychologisiert, gelingt es ihm, die moralische Doppelzüngigkeit der Frau darzustellen: ihr Ausharren an der Seite des Mannes, weil er ihr Ehemann war, und ihr Entschluß, ihn zu verlassen, weil er sich offenbar während eines sechsmonatigen Auslandsaufenthalts in Dharan eine Geschlechtskrankheit zugezogen hat. Sie erteilt sich gewissermaßen selbst moralischen Dispens: »Vielleicht hätte ich es auch verstanden, Tom. Aber er war zu feige, es mir zu sagen. Er hat mir kein Wort gesagt.« (S. 132) Die Dramatik der Geschichte liegt in ihrer doppelten Handlungsführung: Während die Frau versucht,

ihren Liebhaber endgültig an sich zu binden, desavouiert sie sich zugleich durch ihre sichtbar werdende schuldhafte Beteiligung an der Zerstörung ihrer vorangegangenen Ehe. Während der Freund scheinbar am Ziel seiner Wünsche angelangt ist, beginnt er sich zugleich immer mehr von der Frau zu entfernen und sich in seinem Mitleid und seiner Sorge mit dem betrogenen Rivalen zu identifizieren. Der sich solcherart entfaltende doppelte Spannungsbogen kulminiert in einer geradezu klassischen Pointe, die ein moralisches Vernichtungsurteil über die Frau enthält. Als der Freund in immer größere Unruhe gerät, da die Flut zu steigen beginnt, aber der Wattwanderer, der bisher immer pünktlich auf das Eintreten der Flut geachtet hat, noch immer nicht sichtbar ist, sagt die Frau im Schlußsatz der Geschichte: »Seine Uhr, Tom, [...] seine Uhr geht heute nach.« (S. 133) Es ist ein heimtückischer Mord, der die Natur als Tötungsinstrument einsetzt. Die Geschichte läßt keinen Zweifel daran, daß die Frau, die sich so ihres Ehemanns entledigt hat, auch gleichzeitig ihren neuen Partner verlieren wird, der das Gesicht dieser Frau zum ersten Mal ganz deutlich sieht. An der Oberfläche wird alles ein Unglücksfall sein, und das Leben wird seinen gewohnten Gang weitergehen.

Kein Zweifel, die Partnerbeziehungen, die Lenz in diesen Geschichten erzählerisch plausibel macht, liegen jenseits der utopischen Möglichkeit zwischenmenschlichen Glücks und verdeutlichen den Zustand eines schicksalhaften Aneinandergekettetseins und einer schleichenden Vergiftung, der in vergeblichen Fluchtversuchen und Gewaltausbrüchen kulminiert. Der Kapitän, der in der Titelgeschichte[20] des Bandes *Einstein überquert die Elbe bei Hamburg* sich, von der Gestalt des Physikers Einstein als Passagier auf seinem Schiff und seiner Relativitätstheorie dazu inspiriert, in einen Stillstand der Bewegung hineinträumt, weil alle Formen der Bewegung sich wechselseitig zu relativieren scheinen, wird in einer ganz ähnlichen Konfliktsituation gezeigt. Als die Fähre schließlich doch am Anlegesteg ankommt, erscheint »unter anderem ein einarmiger Mann, anscheinend der Bruder des Kapitäns, der ausgerechnet eine Überfahrt benutzen will, um über die Frau zu sprechen, die sie beide mehr oder weniger lieben [...].« (S. 138)

Angesichts der Menschendarstellung in solchen Geschichten ließe sich gegen Lenz einwenden, daß er gleichsam archaische Sozialmuster in Randzonen des zivilisatorischen Spektrums vorführt, daß er Menschen präsentiert – sei es in seiner ursprünglichen Heimat Masuren oder in der norddeutschen Küstenebene –, die wortkarg, in sich verschlossen, zur Reflexion und Kommunikation nicht gerade begabt sind: sozusagen ein Barlachscher Menschenschlag, der das Spektrum seiner Darstellung unfreiwillig regionalisiert. Solche Einwände scheinen erst recht begründet, wenn man auch die literarische Komplementärentsprechung bei Lenz dazu berücksichtigt: die Tendenzen heimeliger Idyllisierung der masurischen und jütländischen Provinz in seinen epischen Schmunzelbüchern *So zärtlich war Suleyken* und *Der Geist der Mirabelle*. Gewiß, diese Gefahr ist in Lenz' Büchern angelegt, und er ist dieser Gefahr auch mitunter erlegen.[21] Aber bezogen auf den thematischen Querschnitt, um den es hier in seinen Kurzgeschichten geht, ist zu sagen, daß Lenz das Sozialspektrum seiner Darstellung auch in einer Reihe von Geschichten erweitert hat und ein episches Problembewußtsein signalisiert, daß die Krisenerfahrungen der gegenwärtigen Gesellschaft auf allen Ebenen wahrnimmt. Ich will das wiederum an zwei Geschichten verdeutlichen, die in einer gewissen spiegelbildlichen Beziehung zueinander stehen: einmal am Beispiel der Geschichte *Das Examen*[22] (ein Text, der mir in der Darstellung der Frau autobiographisch grundiert scheint) und zum andern am Beispiel der Geschichte *Der längere Arm*.[23]

Eine zeitliche Situationseinheit, die von einem zentralen Ereignis zusammengehalten wird, realistische Momentaufnahmen von Alltagserfahrungen, die sich zu einem Lebensausschnitt ergänzen, eine im inneren Verhalten der Hauptfigur anschaulich werdende Spannungskurve, die am Ende in einer Überraschungswendung kulminiert, realistische Beschreibungsdetails, die doppelbödig sind und sich zugleich auf den inneren Zustand der Protagonisten beziehen und ihre seelische Krisenlage verdeutlichen, ohne daß erzählerische Introspektion eingesetzt wird – alles das läßt die Gattungsmöglichkeiten der Kurzgeschichten in diesem Erzählbeispiel geradezu musterhaft erfüllt scheinen. Zugleich gelingt es Lenz, in dem Aufriß dieser bestimmten Situation den künftigen Katastrophenkurs dieser noch jungen Ehe sichtbar werden zu lassen. Dem mündlichen Staatsexamen, daß Jan Stasny an der Universität zu bestehen hat, entspricht die Rekapitulation ihrer bisherigen Beziehung im Bewußtsein der Frau. Während er am Nachmittag mit der Erfolgsnachricht zurückkehrt, das Examen mit Auszeichnung bestanden zu haben, so daß die nun von seiner Frau für ihn arrangierte Festlichkeit mit einigen wenigen Freunden in einem Lokal ablaufen könnte, bricht sie körperlich zusammen und wird am Ende der Geschichte wiederum von ihm allein zu

Hause gelassen: So wie er sie am Morgen zurückließ, um zur Universität zu gehen, verläßt er sie am Abend, um mit den Freunden zu feiern. Die auf seinen Wunsch hin arrangierte Liebesnacht im Hotel nach der Examensfeier fällt ins Wasser.

Dazwischen liegen die einzelnen Stationen, die sich zum Bild eines alltäglichen Tages im Leben der Frau zusammenschließen: der Besuch ihrer Mutter, die in der Wohnung aufräumen hilft, der Kontakt mit dem Postboten, der auf einer Postkarte Examenswünsche eines Onkels abliefert, der Besuch im Feinkost-Geschäft, um alles Nötige für die kleine Feier einzukaufen, die nochmalige Kontrolle der Tischreservierung in dem Lokal, wo sie mit den Freunden feiern wollen, und schließlich als einzige ihr selbst zugedachte Aktivität: der Besuch beim Friseur, auf den sie schon vier Monate verzichtet hat, und anschließend die Rückkehr nach Hause in Begleitung von Charley, einem Freund ihres Mannes, den sie zufällig auf der Straße getroffen hat und der ihr die eingekaufte Ware nach Hause trägt. Was hier erzählerisch als »slice of life«[24], als Lebensausschnitt präsentiert wird, ist zugleich ständig von Irritationsmomenten und Krisensymptomen durchsetzt, die sich konsequent zu dem körperlich-seelischen Zusammenbruch der Protagonistin steigern. Im eher beiläufigen Gespräch mit der Mutter wird deutlich, daß sie ihr Studium ihres Mannes wegen aufgegeben hat: »[...] es genügt, wenn Jan das Examen macht, uns beiden genügt es.« (S. 13) Und etwas später wird die Information nachgetragen: »Die ersten drei Monate hatten sie noch gemeinsam studiert, dann war es Jan, der davon anfing, daß einer das Studium aufgeben sollte; und als er das sagte, wußte sie, wen er meinte.« (S. 20) Sie gibt ihre berufliche Selbstverwirklichung auf, ohne Diskussion, ohne den Ansatz eines Widerstandes. Sie ordnet sich unter getreu dem Modell einer patriarchalischen Ehe, die ihr Mann offenbar verinnerlicht hat: Der Mann geht in die feindliche Welt, und die Frau hütet das Haus und umsorgt am Abend den Heimgekommenen. So heißt es etwa: »[...] – er wollte erwartet, er wollte begrüßt und ausgefragt werden, und sie konnte ihm ansehen, wieviel Freude es ihm machte, seine Abwesenheit zu belegen: [...].« (S. 20) Daß hinter dieser Vorstellung der Ehe, die das Gegenteil der Übereinkunft von zwei gleichwertigen Partnern ist, die Konvention der christlich geprägten Familie steht, wird in einem deskriptiven Detail signalisiert: Beim Staubwischen fragt die Mutter neugierig nach der Herkunft einer »Heilige(n) Familie« (S. 11), die als Schnitzwerk auf einem der Bücherregale steht. Dieses Detail ist ebenso signifikant wie die von einer Admiralsfigur geschmückte Holzpuppe, ein Geburtstagsgeschenk Sentas für ihren Mann. Daß er in dieser Ehe die Rolle des herrscherlichen Patriarchen spielt, wird überdeutlich. In einer für die Möglichkeiten der Kurzgeschichte charakteristischen Verkürzungstechnik werden auch komplexe Sachverhalte erzählerisch kenntlich gemacht, ohne daß der Erzähler diese Sachverhalte extensiv nachzeichnet. Diese Anspielungstextur der Geschichte, ihre »Unterkellerung«[25], um einen Begriff Wolfdietrich Schnurres aufzugreifen, läßt sich an einer Fülle weiterer Details belegen. Wenn es zu Anfang der Geschichte bei der Beschreibung des Mobiliars über die an den Nähten aufgeplatzten Lederpuffs heißt, sie sähen aus, »als wollten sie sich übergeben« (S. 11), so ist auch dies ein Bild für die Außenwelt der Innenwelt der Protagonistin, die sich am Ende in der Tat übergibt. Als sie auf der Straße, in Gedanken verloren, plötzlich den Zuruf hört: »Setz dich, Senta [...]« (S. 17) und reagiert: »Wird sie gerufen?« (ebd.) – es handelt sich um eine »Schäferhündin« (ebd.), die von einem Passanten angerufen wird –, wird plötzlich dieses Bild zu ihrer Rolle in der Ehe mit Jan überblendet: Auch sie führt Kommandos aus, ist gehorsam, duckt sich, unterdrückt ihren eigenen Willen. Die im Friseursalon beiläufig konsumierte Zeitschriftenlektüre über das Thema »Fernsehen am Bett begünstigt das Eheleben« (S. 22) – auf der Grundlage einer amerikanischen Untersuchung – stimuliert die Wahrnehmung der Gefährdung in ihrer eigenen Ehe: »[...] Varieté-Sendungen und Liebesfilme (sind) besonders geeignet, bedrohte Ehen zu kitten; [...].« (S. 22 f.) Zum Katastrophensignal wird auch ihre plötzliche Erinnerung an die Erzählung von Jans Lieblingsonkel über einen Häftling, der vor einer Prüfungskommission der kalifornischen Universität ein glänzendes Examen in Ornithologie ablegte: »In der Nacht nach dem Examen erhängte er sich.« (S. 24) Mit dem erreichten Ziel war sein Leben hinter Gittern sinnlos geworden, so wie sie sich auch in einen luftleeren Raum gestoßen sieht, wenn der bisherige äußere Druck der Examensbarriere von ihrer Ehe genommen ist. Diese Doppelbödigkeit der Details, die deskriptives Beschreibungsmoment und Signal einer inneren Krise zugleich sind, hat Lenz am subtilsten an einer Stelle des Gespräches gestaltet, als der erfolgreiche Kandidat vor seiner Frau seine Prüfungsheldentaten herausstreicht und berichtet, daß es ihm an einer Stelle des Prüfungsgespräches nur auf Umwegen gelang, jene drei Stichwörter aus dem Gedächtnis zu zitieren, die für den fragenden Prüfer »das Kunstideal der Klassik beschreiben« (S.

30). Es sind die drei Begriffe: »Bändigung, Formung, Normung.« (Ebd.) Die ironische Bravour im erzählerischen Kontext ist nicht zu übersehen: Das gibt sich gleichsam als Programm ihrer Ehe zu erkennen. Kein Wunder, daß Senta an dieser Stelle körperlich zusammenbricht. Ihr künftiges Leben scheint in dieser Formel vorprogrammiert. Nach den Erfahrungen, die sie bereits gemacht hat, scheint kaum zu bezweifeln zu sein, wie die Entwicklung laufen wird. Ihr Alleinsein am Ende der Geschichte wird zur Vorwegnahme ihrer künftigen Isolation.

Die Geschichte *Das Examen* ist nicht nur eine musterhafte Kurzgeschichte in der souveränen Ausschöpfung der Möglichkeiten, die diese Gattung dem Erzähler bietet, es ist auch eines der überzeugendsten Erzählbeispiele von Lenz im Sinne einer erzählerisch verwirklichten Erkenntnisbewegung, die den Leser in seiner gesellschaftlichen Situation einschließt. Martin Gregor-Dellin[26] hat aus Anlaß des Erscheinens von Lenz' Erzählband *Einstein überquert die Elbe bei Hamburg* zu Recht über diese Geschichte ausgeführt: »Wenn er [Lenz; d. Verf.] in und zwischen den Dialogen einfacher Leute das böse Mitmenschliche, die Alltagserbitterung und Enttäuschung eher verschweigt als beredet, erinnert das manchmal an die Wohmann, wenn sie sehr gut ist. Beispiel: *Das Examen.*« (S. 38)

Als spiegelbildliche Entsprechung zu der vorangegangenen Geschichte läßt sich der Erzähltext *Der längere Arm* in mehrerer Hinsicht sehen. Werden dort die Symptome der künftigen Agonie in einer noch jungen Ehe aufgedeckt, so ist es hier die zum Ritual des Sichquälens gewordene Agonie eines Paars im mittleren Alter inmitten eines menschlichen Trümmerfelds, das auch das wirtschaftliche Scheitern miteinschließt. Verfestigt der berufliche Erfolg des Mannes in *Das Examen* seine patriarchalische Machtstellung in der Ehe, so ist hier der Mißerfolg des Mannes die Voraussetzung für die Umkehrung der Machtverhältnisse: Der in einem indirekten Zweikampf mit dem Versicherungsboß Godepiel auf ganzer Linie gescheiterte Architekt erfährt nicht etwa Trost und Zuspruch von seiner Frau, sondern diese fällt gewissermaßen ihrem Mann in den Rücken, spielt den einzigen Trumpf, den er hat, dem Kontrahenten zu und rechnet am Frühstückstisch gnadenlos mit ihm als Schwächling ab. Die Geschichte dieses Zweikampfs, der unter der honorigen Oberfläche der Geschäftswelt sozialdarwinistische Züge erkennen läßt – nur der mit den stärksten Bandagen wird den Ring als Sieger verlassen –, wird im Gespräch des Ehepaars am Frühstückstisch rekapituliert. Unter diesem Aspekt hat Lenz auch die für die Kurzgeschichte charakteristische Situationseinheit gewahrt. Handlungsmomente, die zur Vorgeschichte der Auseinandersetzung gehören, werden jeweils im Gespräch eingeblendet und damit in die Gegenwartsdimension des Geschehens integriert. Das seelische Klima, das zwischen den Ehepartnern herrscht, wird unverkennbar signalisiert, so wenn die schon mit dem Frühstück fertige Frau ihren Mann in der Haltung beobachtet, »als kalkulierte sie bereits das Maß an Arbeit, das er ihr heute hinterlassen würde.« (S. 331) Wenn am Anfang des Gespräches das aus der Nachbarwohnung dringende Geräusch einer Schleifmaschine so beschrieben wird: »[...] ein hohes, ratterndes Sirren wie von einem riesigen, gefangenen Insekt, das seine harten Flügel wundstieß [...]« (S. 332), so erweitert sich auch dieses Bild zu einer Bedeutung, die den Ehemann in seiner Situation miteinschließt. Eisler hat gerade von der Firma, in der er als Architekt arbeitete, seine Papiere erhalten. Er weiß Godepiel als Drahtzieher dahinter, ein Mann, der nach außen so wirkt: »gütig, väterlich, ein echtes Kaufmannsgesicht, ausgetrocknet in der Korrektheit seines Versicherungsinstitutes. Vielleicht war's auch ein feinsinniges Gelehrtengesicht.« (Ebd.)

Eislers Großvater war Teilhaber in Godepiels Versicherungsfirma gewesen und eines Tages unauffindbar verschwunden. Bei Abrißarbeiten in einem Bürohaus der Firma findet Eisler in einer Nische ein Skelett mit einer Schußwunde im Schädel. Es sind offenbar die Überreste seines verschollenen Großvaters, der einem Verbrechen Godepiels zum Opfer fiel. Mit dem heimlich von ihm auf die Seite geschafften Schädel als Beweisstück versucht Eisler, Godepiel zu erpressen, und muß erleben, daß Godepiel ihn ignoriert und ihn nun seinerseits zu erledigen versucht. Sie verlieren zuerst ihre Wohnung, als nächstes verlieren Eislers Entwürfe bei Bauausschreibungen die Gunst der Jury, und als letztes setzt ihm seine bisherige Firma den Stuhl vor die Tür. Der verwikkelte kriminalistische Plot – man könnte fragen, warum Eisler mit seinem Fund nicht zur Polizei gegangen ist –, der das angelsächsische Idiom vom »skeleton in the closet«, von der heimlichen Leiche im Wandschrank, in eine Geschichte zu übersetzen versucht, ist weniger wichtig als der Wahrheitstest, dem dadurch die Ehe der beiden unterworfen wird. Nicht nur daß sie ihrem Mann seine Niederlage mit dem »Ausdruck eines traurigen Triumphes« (S. 338) präsentiert: »Dieser Kaufmann mit dem feinen Gelehrtengesicht hat dir gezeigt, welch ein schäbiger Anfänger du bist [...]« (S. 337), sie liefert ihn zugleich endgültig an Godepiel aus, indem sie dem als honoriger Geschäftsmann getarnten Mörder das einzige Beweisstück ihres Mannes übergibt. Es ist, als wollte sie das Scheitern ihres Mannes endgültig machen. Ihre Begründung zeugt, auf ihren Mann bezogen (von dessen Gehalt sie ja, wie es an einer Stelle heißt [S. 332], beide leben), von einem solchen menschenverachtenden Zynismus, daß geradezu monströse Züge in diesem Bild der Frau hervortreten: »Ich bin hingegangen und habe ihm den Schädel gebracht. Nach allem, was gewesen ist, hat er einen Anspruch darauf. Wenn du alles zusammenrechnest, hat er ihn jetzt bezahlt.« (S. 339) Das kann doch nur heißen, daß die perfiden Schachzüge Godepiels, die ihren Mann zugrunderichten, von ihr auch noch honoriert werden, da jener sich im Schlagabtausch des gesellschaftlichen Unterholzes als der Stärkere erwiesen hat. Darin spricht sich die Logik einer verkehrten Welt aus, die auch die Ehe der beiden als eine Folterkammer erweist, in der offenbar in unterschiedlicher Abstufung – und das schließt die vorangegangene Geschichte mit ein – nur die Beziehung von Folterknecht und Opfer möglich scheint (wobei beide Rollen von beiden Partnern gespielt werden können), aber nicht jenes sich in der Liebe realisierendes Erkennen und Anerkennen des andern, was als utopische Folie zu dem Wagnis einer solchen Beziehung gehört.

IV.

Daß die in der Ehe sanktionierte Intimbeziehung von zwei Partnern zu einer Schreckenskammer wird, in der beide als Peiniger und Gepeinigte agieren – dieser gesellschaftliche Befund läßt sich auch aus anderen Geschichten von Lenz herauslesen. Niemand wird sagen können, daß nicht damit eine Facette unserer gegenwärtigen gesellschaftlichen Wirklichkeit erschreckend bewußt gemacht wird. In der – um es vereinfacht zu sagen – frauenlosen Männerwelt[27] eines Hemingway erwachsen die Katastrophen aus der kriegerischen Gewalt, aus der Naturgewalt, aus dem Kampf. Die Lenzsche Welt von Männern mit Frauen ist nicht unbedingt menschlicher. Die Gewalt hat sich in die häuslichen vier Wände zurückgezogen und zeigt sich, in den verschiedenartigsten Abstufungen, im Umgang der beiden Partner miteinander. Das mag, wie gesagt, seine gesellschaftliche Wahrheit haben, und doch ist zu fragen, ob ein solches von keinen möglichen anderen Gegenbildern aufgehelltes und relativiertes Bild (das zudem spätestens von

Strindbergs *Totentanz* bis zu Albees *Wer hat Angst vor Virginia Woolf* seinen festen Platz im Kanon der Literatur hat) nicht auf eine bestimmte Erblindung der literarischen Wahrnehmung aufmerksam macht. Oder um es ganz einfach zu formulieren: Es ist auffällig, daß in Lenz' Geschichten und großen Romanen die eindringlichen Frauengestalten fehlen. Keine Leni Gruyten wie in Bölls *Gruppenbild mit Dame*, keine Gesine Cresspahl wie in Johnsons *Jahrestagen*, von dem bildkräftigen historischen Reigen der zahlreichen Köchinnen in Grass' *Der Butt* ganz zu schweigen. Und damit verbunden ist wohl auch die für Lenz' Darstellungsweise charakteristische Aussparung einer Kommunikationssyntax von Mann und Frau im Bereich von Phantasien, Träumen, Trieben: im körperlichen Liebesaustausch.

Das sind Wirklichkeitsbereiche, die in der Darstellung von Lenz fehlen. Jeder Autor schreibt von seinen ihn bedrängenden Wunsch- und Schreckbildern, von einem mit seiner eigenen Geschichte als Person verschwisterten Erfahrungsstau. In nicht wenigen seiner Kurzgeschichten hat Lenz daraus literarische Kristallisierungen werden lassen, in denen sich das Licht unserer Wirklichkeit und Gesellschaft bricht und den Leser mit einem Erkenntnisblitz blendet.[28]

Anmerkungen:

1. Vgl. Hemingway: *Gesammelte Werke 6/Stories I*, Reinbek 1977, S. 197 ff.
2. Vgl. dazu auch im einzelnen die Ausführungen des Verf.s in der Studie *Ernest Hemingway, Siegfried Lenz und Günter Kunert: Die Adaption der amerikanischen Short Story in Deutschland* seines Buches *Das Amerika-Bild in der deutschen Gegenwartsliteratur*, Stuttgart 1979, S. 112 ff.
3. Vgl. Lenz' Essay *Mein Vorbild Hemingway. Modell oder Provokation*, in: S. Lenz, *Beziehungen. Ansichten und Bekenntnisse zur Literatur*, Hamburg 1970, S. 50 ff.
4. So im Kapitel *Siegfried Lenz. Vom heroischen zum alltäglichen Augenblick*, in: M. Durzak, *Die deutsche Kurzgeschichte der Gegenwart. Autorenporträts, Werkstattgespräche, Interpretationen*, Stuttgart [2]1981, S. 212 ff., ferner in der Studie *Ernest Hemingway, Siegfried Lenz und Günter Kunert: Die Adaption der amerikanischen Short Story in Deutschland*, a. a. O. (Anm. 2).
5. Vgl. dazu im einzelnen die Ausführungen in *Siegfried Lenz. Vom heroischen zum alltäglichen Augenblick*, a. a. O., S. 221 f. (Anm. 4).
6. Vgl. dazu auch die Ausführungen in meinem Kurzgeschichtenbuch (Anm. 4), S. 397 f.
7. Gerhard Mauz: *Er läßt ja niemand an sich herankommen*, in: *Der Spiegel*, 39, 6, 4. 2. 1985, S. 103 ff.
8. Frankfurt a. M. 1975.

9. Zitiert hier nach der Ausgabe innerhalb der *Gesammelten Werke in zeitlicher Folge 1944 – 1949, Band II, 2*, Frankfurt a. M. 1976.
10. Marie O. Métral: *Die Ehe. Analyse einer Institution*, Frankfurt a. M. 1981.
11. Zitiert hier nach Ben Witter: *Als Siegfried Lenz ohnmächtig vor Hunger wurde*, in: *Die Zeit*, Nr. 14, 26. 3. 1976, S. 68.
12. Die Ehe von Thomas Mann oder (in der Gegenwart) von Manfred Hausmann sind gute Beispiele.
13. Gerhard Mauz (Anm. 7).
14. Hamburg 1975.
15. S. 265 – 311.
16. *Aus Bollerup zurück?*, in: *Die Welt*, Nr. 235, 9. 10. 1975, S. III.
17. Hamburg 1970.
18. S. 500 – 508.
19. (Anm. 17), S. 127 – 133.
20. (Anm. 14, S. 125 – 139.
21. Vgl. dazu die Ausführungen von Norbert Mecklenburg: *Dorfgeschichten als Pseudorealismus*, in: *Text und Kritik: Siegfried Lenz*, Bd. 52, 1976, S. 30 ff.
22. (Anm. 14), S. 7 – 31.
23. (Anm. 17), S. 331 – 339.
24. Das ist eine wichtige (auf Bret Harte zurückgehende) Kategorie der angelsächsischen Short Story-Diskussion und signalisiert die Wendung zu einer realistischen Alltagsprobleme aufgreifenden Short Story.
25. Vgl. dazu Schnurres Ausführungen in seinem Aufsatz *Kritik und Waffe. Zur Problematik der Kurzgeschichte*, in: *Deutsche Rundschau*, 87/1, 1961, S. 61 ff.
26. *Eine Lanze für Lenz*, in: *Die Zeit*, Nr. 38, 12. 9. 1975, S. 38.
27. Es handelt sich natürlich um eine Vereinfachung. Man denke nur an die unvergleichliche Hemingway-Geschichte *Das kurze glückliche Leben des Francis Macomber*, wo die Jagd, in der die Akteure in Afrika begriffen sind, zugleich zur Metapher des Verhältnisses der Ehepartner wird. Der vermeintlich feige Ehemann, der in der entscheidenden Jagdsituation versagt und von der ihn verächtlich machenden Frau mit einem Jagdbegleiter betrogen wird, gewinnt sein Selbstvertrauen und seine Identität in einer neuen gefährlichen Jagdsituation, die er besteht, zurück und wird im selben Moment von seiner Frau erschossen, da sie begreift, daß er sich auch von ihr emanzipiert hat. Es ist durchaus die Frage, ob nicht in der Lenz-Geschichte *Der längere Arm* noch das Stereotyp dieses Hemingwayschen Frauenbildes durchscheint.
28. In seiner eher ironisch zurückhaltenden Würdigung von Lenz zu dessen 50. Geburtstag *Gediegene Deutschstunden für die ganze Welt* (in: *Der Spiegel*, 30, 12, 15. 3. 1976, S. 196 ff.) hat Walter Killy ausdrücklich hervorgehoben: »Sieben Romane, zahllose Erzählungen (pointierter und kunstreicher als die großen Produktionen)« (S. 198).

Wolfgang Beutin
Ein Kriegsende von Siegfried Lenz
Eine Kritik

»Ich kann mir denken, daß sie bald zum Kanon der Unterrichtslektüre gehören wird«, so Walter Hinck in der FAZ über die neue Erzählung von Siegfried Lenz: *Ein Kriegsende*.[1]

Verheißung in den Ohren der am meisten Betroffenen, der Oberstufenschüler? Oder Drohung?

Wie auch immer, Hincks Terminangabe (»bald«) läßt eine unverzügliche gründlichere Musterung des gelobten Werks geraten erscheinen, ehe es denn in der Tat den vorausgeahnten kanonischen Rang einnähme. Das Ergebnis sollte uns ermutigen, entweder Hincks Wink gemäß die Einfügung des Texts in den Lehrplan zu betreiben oder sie im Gegenteil zu verhindern und pädagogisch-didaktisches Unheil zu verhüten, solange es noch verhütet werden kann.

In Hincks Worten gipfelte im übrigen nur, was während des Bücherherbstes 1984 den Kritikern in den großen überregionalen Zeitungen zu der neuen Prosaarbeit von Lenz einfiel. Man äußerte recht einmütig Begeisterung wie lange nicht über eine Veröffentlichung dieses Autors.[2]

Zur Stoffwahl: Kein Kritiker kommt daran vorbei, zur Kenntnis zu nehmen, daß nicht Siegfried Lenz die Priorität beanspruchen kann: NS-Marinejuristen sitzen nach der Kapitulation, Mai 1945, über deutsche Seeleute zu Gericht, die das Ende des 3. Reichs und den Übergang der Befehlsgewalt an die britische Besatzungsmacht als Signal verstanden hatten, der Marineleitung den Gehorsam aufzukündigen. Ihren Irrtum büßen zwei von ihnen mit dem Tode, einige weitere mit Haftstrafen. Sehr bündig verwies Helmut Peitsch darauf, »daß Lenz nicht der erste« sei, der den Stoff aufgegriffen habe, und nannte den Namen Hochhuth.[3] Hochhuths Name fällt zu Recht auch in der Mehrzahl der übrigen Besprechungen. Rolf Hochhuth, der um 1970 auf das Material gestoßen war, durch welches insbesondere der »furchtbare Jurist« Hans Filbinger belastet wurde, gab 1978 durch eine Publikation in der *Zeit* den Anstoß zu einer bundesweiten politischen Diskussion, die schließlich zum Sturz Filbingers vom Sessel des baden-württembergischen Ministerpräsidenten führte (desselben Verfassers

Drama *Juristen* kam 1980 auf die Bühne). So weit zu dem historischen Stoff. Man darf daran erinnern, daß ein ähnlicher Fall auch dem Franco-Nero-Film *Die im Dreck verrecken* (in bundesdeutschen Kinos während der siebziger Jahre zu sehen) zugrunde lag. Was mit dem Stoff ebenso gegeben war: das »zeitlose« Motiv der Meuterei einer Schiffsbesatzung gegen den Kapitän; mehrfach auf der Bühne und im Film verwertet, wofür zwei berühmte Beispiele sind: *Meuterei auf der Bounty* und *Die Caine war ihr Schicksal.*[4] Also allerlei literarische, dramatische und filmische Produktionen, die Lenz beim Abfassen seines Texts vor Augen gehabt haben könnte.

Niemand konnte ihm sein gutes Recht streitig machen, einen von anderen bereits mehrfach – und in unterschiedlichen Medien – verarbeiteten Stoff abermals aufzugreifen. Eine sehr reizvolle Aufgabe sogar, besonders wenn der Autor sicherstellte, nicht eine bläßliche Dublette von etwas schon Vorhandenem hervorzubringen, sondern ein Werk eigener Prägung. Das heißt: eines, worin der Autor dem Stoff eine bisher nicht dagewesene Gestaltungsvariante abgewinnt. Hinck notierte nicht mehr als das Selbstverständliche, wenn er in der *FAZ* betonte: »Doch geht es Lenz offensichtlich um alles andere als darum, seine Erzählung an die Dokumentationen Hochhuths anzuhängen.« Eine Annotation, die verdeutlicht, in welchem Maße nicht nur Lenz unter dem Zwang schreiben mußte, seine eigene Prosaarbeit von Hochhuths dokumentarisch-dramatischer abzuheben, sondern wie sehr auch die Kritik genötigt war, die Begründung für ihre positiven Urteile unter denjenigen Aspekten des Buchs von Lenz aufzusuchen, durch die es sich am ehesten von Hochhuths Leistung abhebt. Was auffällt, ist: Die Begründung lieferte man so gut wie ausschließlich unter dem Aspekt der Form, vor allem auch des sprachlich-stilistischen Anteils, sowie dem der Erzählhaltung und -intention. Ein dritter, der inhaltliche, geriet zwar ebenfalls in den Blick der Rezensenten, jedoch selektiv. So fehlt in der Mehrzahl der Besprechungen die Betrachtung des Figurenensembles, merkwürdig insofern, als es zum Grundwissen jedes Literaturbeflissenen gehört, daß Figuren einen unerläßlichen Bestandteil eines epischen Werks bilden, werden doch die Handlungen, Geschehnisse usw. innerer wie äußerer Natur von ihnen vollzogen, vorgeführt, vorgetragen oder ausgedrückt.

Die erwähnte Einmütigkeit der Kritik zeigt sich, bei Widersprüchlichkeit in Details, zunächst in dem Lob für die Sprache des Texts:

Der sachliche Lapidarstil [...]. (Walter Hinck, *FAZ*)
[...] Lenz ist in diesem [...] Buch [...] von einer harten Lakonie [...] in einer sachlich beobachtenden Sprache [...] Vielleicht hat er ein Modell geschaffen, das eine neue Sprach-Übung vorführt, eine Sprache, die ihre Sparsamkeit als Intensität offenbart, ihre Lakonie als Gewicht des Wortes, als Neuentdeckung des Treffenden, eine Sprache, die Bilder entfacht, weil sie keine Bilder verwendet, eine Sprache, die sich unsinnlich gibt, um die Sinne des Lesepartners walten zu lassen. (Valentin Polcuch, *Die Welt*)
Karg und lakonisch ist der Erzählstil, dabei aber doch [...] bildhaft und ausdrucksstark [...] ohne aufdringliche stilistische Überhöhung [...] (Jürgen P. Wallmann, *DAS*)
[...] in der sehr deutlichen Kennerschaft [...], mit der Lenz alle Vorgänge, see- und kriegstechnischen Details übermittelt [...] Die Feder soll fest und ruhig gehen und damit die Zucht verraten, in der sich einer in vierzig Jahren hat üben können. Zucht, ein ästhetisches wie moralisches Vermögen: das Maß jedes Wortes zu spüren [...]. (Hg., *NZZ*)
[...] in gedrängter Form [...] in dieser anekdotisch verknappten Figuration nimmt das Modell die Gestalt eines epischen Protokolls an, das frei von jeder Allüre nicht literarische Allegorie, sondern dichterisch wahrgenommene Wirklichkeit ist [...] Ein Prüfstein aus gemeißelter Sprache [...]. (K. H. Kramberg, *SZ*)

Samt und sonders Komplimente, die in dieselbe Richtung zielen und den Leser der Rezension kaum etwas anderes erwarten lassen, als in dem Text von Lenz eine Sprache von zumindest unanfechtbarer Bonität vorzufinden. Diese Erwartung muß noch dadurch bestärkt werden, daß die Rezensenten nicht versäumen, auf des Autors vierzigjährige »Übung« hinzuweisen, ferner den Autor vom Debütanten abzuheben (*NZZ*) sowie ihm das Prädikat zuzuschreiben: »versierter Schriftsteller« (*DAS*); alles ein wenig ambiguöse Beteuerungen, da ja in der Literatur eine noch so langwierige Übung nicht notwendig den Meister macht; da es bekannte Beispiele dafür gibt, daß Debütanten, die sich durchaus nicht langjährig geübt hatten, dennoch mit großer Dichtung ans Licht traten und da endlich das Prädikat »versierter Schriftsteller« leider keine Garantie dafür ist, daß der so Titulierte in einem jeden Werk in gleicher Weise versiert erscheine.
Sicherlich läßt sich als erstes an der Sprache dieses Texts des

Verfassers Bestreben ablesen, »Kennerschaft« zu demonstrieren, Vertrautheit mit der Seefahrt und ihrem Zubehör. Geläufige, zumindest dem Leser von der Waterkant nicht fremde Lexeme aus dem Fachidiom der Marine (auch: Kriegsmarine) sind über die ganze Ausarbeitung zerstreut: Prahm, Bug, Buggeschütz, Sund, Pier, Nock, Signalgast, Kimm, Backen, Schott, mithin genau diejenige Lexik, die unvermeidbar ist, wenn einer eine Geschichte aus der Seefahrt erzählt. Fanden und finden sich nicht in den Abenteuerbüchern für Heranwachsende, Berichten über Piratenverwegenheit und Entdeckermut, dieselben Vokabeln, Wörter aus der Seefahrtssprache nicht minder an Zahl? Ob allerdings die Verwendung eines bestimmten Ausschnitts aus dem deutschen Lexikon immer schon einer »sehr deutlichen Kennerschaft« gleichkommt, müßte im Einzelfall untersucht werden. Lenz schreibt: »Fern, im Schutz der Insel, in ihrem vermeintlichen Schutz, ankerte eine heimatlose *Armada*: alte Frachter, Werkstattschiffe, Schlepper und Lastkähne.« Jedoch bezeichnet der ursprünglich spanische Terminus »Armada« gerade keineswegs alte Frachter usw., vielmehr: Rüstung, hochgerüstete Flotte, nämlich eine Zusammenballung für den Seekrieg ausgestatteter Kampfschiffe. Legitimieren ließe sich der Terminus wohl, wollte man dem Autor zugute halten, er äußere an dieser Stelle Spott, Spott darüber, wie wenig von der einst hochgerüsteten Flotte des kriegerischen 3. Reichs übriggeblieben sei. So hätte die Wortwahl ihren Sinn. Dagegen spricht aber, daß Lenz später die dänische Fischereiflotte wiederum mit Hilfe desselben Ausdrucks beschreibt: »Die Fischkutter hatten ihre Netze ausgebracht, kleine, nebelgraue Kutter, die allesamt schleppten im frühen Licht und von den schweren Stahltrossen auf der Stelle gehalten zu werden schienen. Rasch kamen wir auf, niemand dachte daran, die plumpe *Armada* zu umgehen, auf der sich kaum ein Mann zeigte.«

Eine Ansammlung von Fischkuttern ist geradezu das Inbild des Gegensatzes einer Armada. Ihrer Bestimmung nach wetteifern sie nie mit noch so »schnittigen« Todeswerkzeugen, z. B. Schnellbooten. (Bedenklich zudem: »Armada [...], auf der sich kaum ein Mann zeigte«; verschwommen; also doch mindestens einer? Vorzuziehen: »[...] nur vereinzelt zeigte sich *auf einem Kutter* ein Mann.«)

Im übrigen dürfte der Leser alsbald, wennzwar nicht gänzlich von der »Kennerschaft« des Autors, so doch von seinem Bestreben überzeugt ein, sie zu demonstrieren, so daß es im Grunde nicht des aufdringlichen Bemühens bedürfte; am wenigsten der Häufung von in spezifischer Weise verwendeten Verben der Bewegung wie »kommen« (»Ein tiefliegendes Schiff kam auf«), »gehen« für »fahren« (»Wir gehen nach Kurland«) und vor allem »laufen« in vielen Formen samt dazugehörigen Komposita.[5] Entsteht durch solche Häufung eine Überlastung des Texts, so mag doch ein derart stereotyper Gebrauch des immer selben Sprachmaterials durch die Absicht gerechtfertigt sein, die Seefahrtssphäre einzufangen. Aber gilt dieselbe Rechtfertigung für stereotypen Wortgebrauch in Sätzen wie dem folgenden ebenfalls? »Sie *waren* aus den Häfen des Ostens geflohen, die nun verloren *waren*, sie hatten sich mit ihrem letzten Öl, mit letzter Kohle westwärts retten können, einzeln und in trägen Konvois, über eine unsichere Ostsee, die gesprenkelt *war* von Treibgut.«

Vielmehr zeigt sich hier erneut der in früheren Veröffentlichungen desselben Autors nachweisbare Mangel[6]: frequente, zuweilen außerordentlich frequente Wiederkehr desselben Sprachmaterials auf schmalem Raum, Zeugnis einer begrenzten Fähigkeit, stilistisch zu variieren, wo es aus Gründen des Wohlklangs wünschenswert wäre. Hingegen entspricht einer wahrnehmbaren Intention ein besonderes Stilistikum des Texts: die repetierende Aufnahme eines Satzglieds innerhalb desselben oder im folgenden Satz, seine doppelte Verwendung:

> [...] sie *ertrugen* seine beherrschende Silhouette vor dem getünchten, kastenförmigen Gebäude des Hafenkommandanten, *ertrugen* sie, indem sie [...]
> *Nach allem* ... (Die Punkte von Lenz so angeordnet.) Sie haben nur einen Wunsch *nach allem* [...]
> *Freude* war es *nicht*, die sie so erregt machte, die sie veranlaßte, den Steuermann zu umlagern, der verschlossen auf einem Segeltuchstuhl hockte mit hängender Schulter, *Freude nicht*.
> Aber *wir sind doch*, sagte der Feuerwerker, *wir sind doch* jetzt in britischem Gewahrsam?

Dies Stilistikum ist die Widerlegung der Behauptung Polcuchs, Lenz verwende »keine Bilder«; eine Auswahl klassischer Beispiele für nichts anderes als Bilder, rhetorische Figuren wie aus dem Lehrbuch der Rhetorik (u. a. Epizeuxis, Anapher, Kyklos), Stilphänomene freilich, die Veranlassung geben, ein Fragezeichen zu setzen hinter die Kritikeraussprüche wie: »Sparsamkeit«,

»frei von jeder Allüre« (man höre doch nur noch einmal den Satz ab mit der Wiederholung der Wortgruppe »Freude nicht«!).

Wenn von dem Werk eines »versierten Schriftstellers« mit vierzigjähriger Sprachübung die Rede ist, dürfte es zunächst verwunderlich erscheinen, wenn eine so simple Sache wie die Grammatik und sein Umgang damit berührt wird. Unsicherheiten? Sprachschnitzer? Die Vorüberlegung muß sein: Der moderne Poet ist der Grammatik gegenüber souverän, kann u. a. bewußte Verstöße gegen die Norm-Grammatik benutzen, um eine gewollte Wirkung zu erzielen (Expressionismus, Dadaismus), um Charaktere des Dramas (Naturalismus) zu kennzeichnen oder einen humoristischen Sprechstil (Fritz Reuters Bräsig). Anders dann, wenn das Gewollte des Verstoßes, seine Funktion nicht klar hervortritt.

> Zuletzt rief der Marinerichter mich auf. Die anderen, die er vor mir *vernahm*, hatten angeblich kaum etwas gehört [...]
> (Plusquamperfekt unerläßlich.)
> Sie standen sehr gut zueinander, der Kommandant und der Steuermann; soviel ich *verstand*, sind sie alte Freunde ...
> (Nur Perfektform möglich.)

Bei Aufnahmen zu *Ein Kriegsende*

Kameradschaft auf See wurde beschworen, Kameradschaft im Kampf und im Chaos, und immer wieder Disziplin – eiserne Disziplin, die eine Voraussetzung fürs Überleben *ist*. (Empfehlenswert: »sei«, falls Lenz nicht den Salm des Nazijuristen, dessen Worte er wiedergibt, ausdrücklich zu bestätigen gedenkt; nur dann wäre »ist« am Platze.)
Alle Kutter führten den Danebrog-Wimpel. Wir liefen in voller Fahrt zwischen ihnen hindurch, *immer noch fern genug, als daß* wir eines ihrer Netze hätten wegschneiden können, aber doch so nah, daß ihre Boote in unserer Bugsee schwankten [...]
(Will Lenz, wie es klingt, eine Absicht der Besatzung des Minensuchers unterstellen? Dann: [...] immer noch nicht nahe genug, als daß [...]. – Vermutlich beabsichtigte er das Gegenteil auszudrücken: [...] fern genug, *um nicht* eines ihrer Netze wegzuschneiden [...]«.)

Zu den auch aus dem früheren Oeuvre dieses Verfassers bekannten Schwächen stilistischer Natur[7] gehört die Unsicherheit in der Koordination lexischer Elemente, z. B.: »Auch *der verschärfte Ausguck* meldete nichts.« (Der Ausguck, dem verschärfte Aufmerksamkeit anbefohlen war, meldete nichts.)

Von den sprachstilistischen Merkmalen des neuen Texts das am meisten hervorstechende ist die eigenartige Distribution der Pronomina, hier wiederum die Verteilung von »wir«, »ich« und »sie« nebst ihren liquiden Kasus. Von den Rezensenten ist es nur einer, der sich darüber geäußert hat: »[...] ein auffallender Zug dieses Erzählers, bis über die Mitte seines Berichts hinaus nur vom ›wir‹ der Besatzung zu sprechen. Erst mit der veränderten Situation, der Festnahme im Hafen, meldet sich ein Ich aus dem bisherigen, kaum differenzierten Wir heraus. Wenige Seiten vor dem Schluß erfährt der Leser, daß der Erzähler der Rudergänger von MX 12 ist.«[8]

Neben der Ausgliederung eines Ich aus dem Wir wäre nicht unbeachtlich die Oppositionsrolle, in der ein »sie« häufig dem »wir« gegenübertritt, etwa bereits im ersten Satz des Texts: »*Unser* Minensucher glitt mit kleiner Fahrt durch den Sund, und *sie* hoben nur einmal den Blick und drehten sich weg.« Sie: das sind hier die dänischen Einwohner; »unser« bezieht sich auf die Besatzung, »wir« im folgenden wechselnd auch auf die Einheit Schiff und Besatzung, die einfache Besatzung allein, die Meuterer und das Kollektiv »Deutschland« oder »deutsche Soldaten«.

Typisch für den Text ist, wie aus dem »wir« stetig einzelne Personen und Gruppen ausgefällt werden, etwa Seite 9: »einige von uns«; »uns« verweist jetzt auf die einfache Besatzung, mit der die Schiffsführung konfrontiert wird. Seite 10 lesen wir: »Am Ruder stehend, hörte *ich*, wie *sie* den Kurs erwogen.« »Sie« meint nun nicht mehr die Dänen, sondern die Angehörigen der Schiffsführung, »ich«: den Ich-Erzähler (Rudergänger). Der Leser darf ihn also nicht erst – wie der Rezensent will – wenige Seiten vor Schluß identifizieren (nochmals Seite 23: »Ich stand am Ruder«; hiernach die vom Rezensenten angezogene Stelle Seite 58: »ich als Rudergänger«).

In der vorbezeichneten Weise operiert der Autor den ganzen Text hindurch mit der Möglichkeit, den Pronomina unterschiedliche Bedeutungen zu verleihen; sie begegnen von Seite zu Seite in schnell wechselnden semantischen Bezügen, ohne daß der Wechsel vorbereitet wäre, so daß die Erfassung des Textsinns darunter leidet.

> Ein tiefliegendes Schiff kam auf, ein Tanker, der in der lichten Dunkelheit westwärts lief; und noch bevor er achteraus war, gaben *sie* U-Boot-Alarm für MX 12.
> (Wer gab ihn: Tankerbesatzung? Schiffsführung von MX 12? Die einen ebenso wie die anderen?)
> Einmal machten *sie* eine Verhandlungspause, *die am Tisch* zogen sich zurück [...].
> (»sie«: die Richter; »die am Tisch« = offenbar wieder diese?)

Erschwert schon das fortgesetzte Wechselspiel mit den Bedeutungsbeziehungen der Pronomina die Lektüre, so verhindert die sprachlich mit Hilfe vor allem der Indefinitpronomina vorgenommene Ausgliederung kleinerer Einheiten aus den größeren das Zustandekommen von auch nur in Umrissen gelungenen Vorstellungen im Leser, verhindert es öfters in geradezu systematischer Weise.[9]

> Wir lauschten. *Manch einer* mußte etwas anfassen [...] Der Funkmaat beugte sich über *den, der* vor der Heizung kniete [...].
> (Es gehört kein besonders geschärftes Ohr dazu, um die Wortgruppe »manch einer« in diesem Kontext als gespreizt zu empfinden.)

(MX 18, das »Schwesterschiff« von MX 12) [...] bei seinem Anblick konnte *man* das Gefühl haben, *sich selbst* zu begegnen. *Alle bei uns* sahen hinüber, *alle* warteten wir [...]
(Setzt der Leser gleich: »man« = ein Mensch oder die Menschen, so könnte dieser/könnten diese wohl nicht in einem Minensucher »sich selbst« erkennen. Meint »man«: den Minensucher MX 12 + Besatzung, so unterschiebt der Verfasser einer Wesenheit ein »Gefühl«, dem es nicht rechtens zukommt.)

Wer sich redlich bemüht, sich in die Geschichte hineinzulesen, die Lenz erzählt, dem stellen sich allerlei Hindernisse in den Weg, die das intellektuelle Erfassen des Sinns auf ärgerliche Weise beeinträchtigen und den ästhetischen Genuß – was auch die Rezensenten Gegenteiliges sagen mögen – gar nicht erst gestatten.

Wie erklärt sich dieser Zustand des Texts? Legt der Verfasser Wert darauf, dem Leser mit Sprachallüren und Stilmarotten beschwerlich zu fallen, gar ihm unverständlich zu sein? Als Erklärung bietet sich vielmehr an: Lenz weiß, daß zur modernen epischen Technik die künstlerische Handhabung eines schwierigen Instruments gehört: das der erzählerischen Perspektive (»auktorialer« Erzähler; Ich-Erzähler; der raffiniert angeordnete Wechsel unterschiedlicher Perspektiven). Wie alle Rezensenten verbuchen, hat er für seinen neuen Text die Ich-Form gewählt, allerdings das Ich temporär in einem »Wir« auflösend. Nun schafft der Autor indes nicht ausreichende Klarheit, wer in jedem Augenblick unter »wir« zu verstehen sei. Ähnlich hinsichtlich des Pronomens »sie«. Die daraus entstehende Wolkigkeit des Stils steigert er noch, indem er häufig offenbar vorsätzlich im Dunkeln läßt, welche bestimmte Person in einer bestimmten Situation spreche, handele usw., Ziel: möglichst weite Distanz vom auktorialen Erzählen zu gewinnen. Den Wirrwarr macht er vollständig, wenn er im Ich-Erzähler fahrlässig wieder den auktorialen Erzähler auferstehen läßt, was an mehr als einer Stelle geschieht. »Keiner schlief, wollte schlafen; das Boot war abgeblendet; sie saßen um die Backen herum in trüber Notbeleuchtung und hörten dem alten Feuerwerker zu [...] In der Dämmerung belebte sich das Gespräch, jeder wußte etwas, ahnte etwas, aus jeder Ecke boten sie ihre Bekenntnisse an, ihre Mutmaßungen, das ging kreuz und quer [...].«

In keinem der beiden Belege verrät ein einziges Wort, daß der Ich-Erzähler nicht außerhalb der Gruppe steht, von der in der dritten Person Plural die Rede ist, sondern daß er dazugehört. Vertrackt wird es aber nicht bloß dann, wenn der Ich-Erzähler unversehens in die Rolle des auktorialen Erzählers hineinrutscht, obgleich seine Erzählung Dinge berührt, an denen er selbst beteiligt ist, sondern auch wenn er auktorial über Handlungen berichtet, die er selber gar veranlaßt hat. »Unentdeckt, unter schleirigem Mond, drehte MX 12 bei glatter See auf Gegenkurs, der schäumende Bogen des Heckwassers starb schnell weg. Ein ferner Beobachter hätte von unserem plötzlichen Manöver den Eindruck haben können, an Bord sei man einem überraschenden Befehl oder einfach einer Laune gefolgt oder, da wir bald mit äußerster Kraft auf Gegenkurs abliefen, einer panischen Eingebung.«

Der Ich-Erzähler hat als Rudergänger den entscheidenden Anteil an dem geschilderten Manöver, er leitet es ein. Keine Silbe davon im Text! Zudem: Als genügten ihm die Ich-Perspektive sowie die daraus hervorgehende auktoriale nicht, riskiert der Autor die zusätzliche, innerhalb des fiktiven Texts hypothetische Perspektive eines »fernen Beobachters«! Wie verändert sich die Ich-Perspektive an der folgenden Stelle? »[...] er schrieb, ohne abzusetzen; alles schien vorbedacht; wir wußten nicht, was er schrieb, doch jeder von uns hatte das Gefühl, daß es auch ihn anging und mitbetraf [...].«

Der Leser darf zu Recht fragen, woher der Ich-Erzähler weiß, was sich »in jedem von uns« abspielt. Kennt er das Gefühl »eines jeden von uns«? Was geht vor? Über die Schaltstelle »jeder von uns« transformiert der Autor die Ich-Perspektive derart, daß sie in eine Mehrzahl angedeuteter Perspektiven zerfällt: »jeder von uns« taucht mit seinem individuellen Gefühl auf.

Wo er in der oben geschilderten Weise »einer«, »jeder«, »keiner«, »manch einer« usw. verwendet, vermag Lenz niemals mehr als eine verschwommene Vorstellung zu evozieren, obgleich die Entstehung einer präzisen Vorstellung im Leser nicht gegen die Ziele der Ich-Perspektive verstieße. Umgekehrt beruht sein Verfahren in einer Reihe anderer Fälle darauf, daß er allzu präzise Angaben übermittelt, die, unter den Bedingungen der Ich-Form, in ihrer Präzision deplaciert wirken, da es sich um einen Wissensstoff handelt, der dem Ich keinesfalls zur Verfügung steht. Der Ich-Erzähler bemerkt z. B. von Bord des Minensuchers aus, daß die Dänen auf den Fischkuttern und auf den Holzstegen an Land »mit weggetauchtem Gesicht die letzten Tabakkrümel in Brand« setzen. Und ein schwedisches Passagierschiff: »[...] Paare flanierten oder standen entspannt an der Reling, während Stewards mit Tabletts nach ihren Auftraggebern spähten«. Der Leser könnte versucht sein zu fragen, was auf den Tabletts gewesen sei! Wer einmal an Bord eines fahrenden Schiffs gestanden hat und von dort ein anderes, ebenfalls fahrendes Schiff beobachtete, müßte bestätigen, daß der Ich-Erzähler derlei Einzelheiten gar nicht hätte erkennen können. Im Kontrast dazu – um dem nie recht glaubwürdigen Ich-Erzähler eine Zusatzdosis Glaubwürdigkeit zu verpassen? – benutzt Lenz ein sprachstilistisches Mittel, das geeignet ist, den Nimbus eines allwissenden Berichterstatters zu schwächen: die Andeutung von Erkenntnis-, namentlich Differenzierungs- und Falsifizierungsprozessen, besonders eine Art Dementi-Technik: »[Die Dänen; d.Verf.] linsten [...] zu uns herüber, schnell und gleichmütig, *anscheinend gleichmütig* [...]. Fern, im Schutz der Inseln, in ihrem *vermeintlichen Schutz*, ankerte eine heimatlose Armada [...]. Als die Salven fielen – *nein, keine Salven*, es waren zwei Stöße aus einer Maschinenpistole – [...].«

Der Autor Lenz verzahnt die einzelnen Perspektiven und ihre Ansätze nicht artistisch-besonnen miteinander, sondern ohne erkennbaren Sinn wird die eine aufgegriffen, die andere aufgegeben und umgekehrt. Jedoch der Leser sollte nicht ständig zweifeln müssen, was an jeder Stelle intendiert sei. Gerade hieran hat er ein Kriterium, um den gelungenen Text vom mißlungenen zu unterscheiden: einerseits die ermittelbare Intention, die nachvollzogen werden kann, auf der anderen Seite eine Dokumentation des Unvermögens, die einmal gewählte Perspektive entweder festzuhalten oder in einem überzeugenden Wechsel gegen eine andere zu vertauschen. Die stilistischen und übrigen künstlerischen Schwächen des Werks sind nicht zuletzt eine Folge des ungekonnten Umgangs mit dem Instrument der Perspektive. So figuriert der Ich-Erzähler einmal als Bestandteil der Gruppe, von der es heißt: »uns alle auf der Brücke« hätte der Kommandant vom Laufsteg her wahrnehmen können. Was geschieht? »Der Kommandant sprach mit keinem von uns. Er sah nicht zur Brücke *hinauf* [...].« Richtig? Nein, weil hier nicht auktorial erzählt wird, sondern aus der Perspektive eines Ichs bzw. seiner Gruppe. Korrekt: *herauf*.

Die Sprachintensität, treffende Sprache, Zucht der Sprache, die gemeißelte Sprache: Die stilkritische Untersuchung zeigt, daß das Kritikerlob, welches dem Verfasser für seinen neuen Text gezollt wurde, gänzlich unbegründet ist. Darüber könnte die vereinigte Leserschaft, zumindest der mäßig aufmerksame Teil, gewiß Einigkeit unter sich herstellen, daß es jedenfalls die Sprache des neuen Werks von Lenz nicht sein kann, wodurch eine Wiederaufnahme des erfolgreichen Hochhuth-Stoffs legitimiert wäre.

Und wäre sie es durch die Erzählhaltung? Die erwähnte Einmütigkeit der Kritik zeigt sich außer in dem Lob für die Sprache in der rühmenden Bewertung der Erzählhaltung, wie sie aus dem gerühmten Text deutlich wird.

> Lenz läßt sich von der Unerhörtheit des Vorfalls weder zu leidenschaftlichen pazifistischen Plädoyers bewegen noch zu deutenden und wertenden Kommentaren herausfordern, seine Haltung ist nicht die eines Moralisten. [...] Augenzeuge, der nicht über die Schuldfrage räsoniert [...] Absicht, dem Stoff gerade zu einer Zeit, da die Aufstellung von Pershing- Raketen die Gehorsamsdiskussion neu entfacht hat, vor falscher Pathetik zu bewahren. [...] Lenz läßt an der Ungeheuerlichkeit von Urteil und Urteilsvollstreckung keinen Zweifel, aber er löst die Spannungen zwischen militärischem Befehl und humanitärem Auftrag, zwischen Gehorsam und Vernunft nicht einfach auf. Er übergibt sie dem Leser als Fragen, denen nicht auszuweichen ist, aber er bevormundet niemanden. Aus dem Geschichtlichen gewinnt er das Exemplarische. So wird die Erzählung zu einer Schule der Mündigkeit. (Walter Hinck, *FAZ*)
> Doch statt Moral und Ästhetik aufeinander zu hetzen, stelle man fest, dass die sparsam novellistische Behandlung des Stoffes eine moralische Qualität hat. [...] in dem äussersten Mass an Zurückhaltung, mit dem er das Verhalten der Personen dem Urteil des Lesers anheimstellt. (Hg., *NZZ*)
> [...] Notwendigkeit, bei der Sache zu bleiben, nicht Reflexionen zu übermitteln, sondern zu beschreiben, wie es war. [...] Code [...], aus dem sich der Leser – der Zuschauer? – die Substanz der Geschichte herausholen mochte. (Polcuch, *Die Welt*)
> Auch mißt er nicht Schuld zu, sondern berichtet einen Vorgang. [...] Lenz hat jedes Pathos vermieden, er hat auf alles zeigefingerhafte Moralisieren verzichtet. [...] erzählt ohne aufdringliche stilistische Überhöhung, sehr kühl eine aufregende Geschichte, über die sich der Leser selbst seine Gedanken machen mag [...]. (Wallmann, *DAS*)
> Gerade weil der Erzähler dem Urteil des lesenden Zeugen

mit keinem Satz vorgreift, gibt er uns ein Stück Literatur für den Lebensgebrauch in die Hand. (Kramberg, *SZ*)

Zieht man die rühmenden Beurteilungen der Erzählhaltung in nähere Untersuchung[10], so zeigt es sich sofort, daß die Kritiker-Meinungen über *Ein Kriegsende*, eine gründlichere Musterung des Werks selber nicht unnötig machen; nahe läge sogar die Einbeziehung ihrer selbst, ergeben sich aus ihnen doch verschiedene Fragen.

Erstens: ob es die Kritiker denn ehrlich mit dem rezensierten Werk gemeint haben und redliche Besprechungen abliefern oder ob sie nicht vielmehr dessen Erscheinen lediglich zum Anlaß nahmen, um wieder einmal mit einem anderen zeitgenössischen Schriftsteller anzubinden und Oeuvre und Wirksamkeit dieses Mannes abzuwerten. Inwiefern? Unbestreitbar ist ja, daß sie die

– von ihnen gepriesenen – Vorzüge der Erzählhaltung des Siegfried Lenz dadurch hervorscheinen lassen, daß sie angeben, was er *nicht* tut: plädiert nicht, wertet nicht, kommentiert nicht, deutet nicht, moralisiert nicht, bevormundet nicht, benutzt kein »falsches« Pathos usw. Und wie es so geht: Die aus der Sicht der Rezensenten negativ bewerteten Merkmale, von denen die Erzählhaltung des Siegfried Lenz glücklicherweise frei sei, sind auf der anderen Seite zufällig genau diejenigen, welche die bundesdeutsche Kritikerzunft seit mehr als einem Vierteljahrhundert am Werk jenes anderen Schriftstellers unermüdlich aufgezeigt und getadelt hat. Der Name dieses anderen: Rolf Hochhuth.

Die Auflistung alles dessen, was die Kritiker-Zunft der Erzählhaltung des Siegfried Lenz an Gutem nachsagt, erweist sich als die Auflistung all dessen, was sie an der schriftstellerischen Haltung Hochhuths seit je perhorresziert hat. Unfreiwillig scheint es einer der Kritiker einzuräumen, wenn er auf die »ästhetische Anstrengung« des Autors Lenz hinweist (die aber, wie erwähnt, weder die Sprachbilder und das Sinnliche noch die Substanz, die Lehre, die Moral einschließt) und ihm der Gedanke kommt: »Ein Schriftsteller wie Rolf Hochhuth könnte ihr gegenüber auf der moralischen Verpflichtung bestehen, aus einer, aus jeder Begebenheit so viel wie möglich zu machen"[11].

Die zweite Frage: was von der Zustimmung für Lenz auf das Konto seiner Enthaltsamkeit in Sachen Friedensbewegung gehe (»leidenschaftliche pazifistische Plädoyers« Fehlanzeige). Der Enthaltsamkeit in Sachen Friedensbewegung entspricht in diesem Text eine Enthaltsamkeit in Sachen Antifaschismus (zu dem sich Hochhuth leidenschaftlich bekennt.)

Dritte: Ist die Auffassung der Kritiker überhaupt schlüssig, was die rühmende Bewertung der Erzählhaltung von Lenz anlangt? Lenz urteile nicht; moralisiere nicht; lehre nicht, – zugleich aber stifte er eine »Schule der Mündigkeit«. Wie denn: eine Schule, in der es nichts zu lernen gäbe, weil darin nichts gelehrt würde? (Dies Unikum dann wieder als Lehrstoff für die Schule in unserer gegenwärtigen Wirklichkeit, prophezeit derselbe Rezensent.) Lenz urteile nicht; moralisiere nicht; lehre nicht, – zugleich indes gewinne er »aus dem Geschichtlichen das Exemplarische«? Das Exemplarische ist das Beispielhafte, welches der Verdeutlichung eines Dogmas oder einer Moral dient (ältere Zeiten kannten eine literarische Form, das »Exempel«), somit also: ein Text als Beispiel, das jedoch nichts Bestimmtes verdeutlicht, weder ein Dogma noch eine Moral, ein beispiel-loses Beispiel? Analog jener

Schule nochmals, in der nichts gelernt wird, weil nichts in ihr gelehrt wird. (Vor allem natürlich nicht, wie man einen bundesdeutschen Ministerpräsidenten stürzt.)

Viertens: Entspricht es denn den Tatsachen, daß Lenz weder deutet noch wertet, weder plädiert noch moralisiert? Hinck verwies in der *FAZ* bedauernd auf »Einbußen«, die für Lenz mit der Wahl des Genres verbunden waren: »Die eher skizzierende Erzählweise erlaubt keine breitere Entfaltung und geistige Durchdringung ethisch-politischer Probleme [...]«, er schloß damit jedoch das Vorhandensein solcher Probleme ebensowenig aus wie die implizite Stellungnahme des Autors dazu.

In der Literaturgeschichte mangelt es nicht an Beispielen aus den kleineren Prosagenres dafür, daß ein Autor sowohl eine spannende Erzählung liefert als auch, in diese eingeschmolzen, eine weltanschaulich-moralische Auseinandersetzung und ein Höchstmaß an »geistiger Durchdringung« (der psychoanalytisch Geschulte verwendet Hincks Terminus mit Vorbehalten); zum Beleg: Boccaccios erste Novelle des vierten Tags im *Decamerone*, eine Manifestation der sittlichen Autonomie des Individuums (welches zudem eine Frau ist) und romantische Liebesgeschichte in eins. Sollte Lenz in seinem Text nicht genügend »geistige Durchdringung« leisten, so müßte der Fehler nicht aufs Konto der von ihm gewählten Form und der damit verbundenen Erzählweise gesetzt werden, ob er nun eine Erzählung geschrieben hat, wie vom Verleger auf dem Umschlag verzeichnet, ob eine »novellistische Ich-Erzählung« (*SZ*), eine »Novelle« (*NZZ*), schlicht eine »spannende [...] handfest erzählte Geschichte« (*DVZ*; was das Adverb wohl besagen will?) oder eine »kleine Geschichte« (*DAS*), müßte es nicht einmal dann, falls er »das Experiment gewagt« hätte, »ein Fernsehdreh-Buch zu schreiben und es gleichzeitig als Prosageschichte zu artikulieren« (*Die Welt*), also einen Zwitter ans Licht der Welt zu bringen, ähnlich wie es Hinck sieht: »So steht *Ein Kriegsende* auf dem – mit Lessing zu sprechen – ›Grenzrain‹ zwischen Erzählung und Drehbuch.« Da man im 18. Jahrhundert die spätere Erfindung des Drehbuchs kaum vorherahnen konnte, so beruft sich der Rezensent einzig des Ausdrucks »Grenzrain« wegen auf G. E. Lessing. Wofür er sich jedenfalls nicht auf diesen berufen kann, ist: der eigenartige Vorgang, daß der Text (so Hinck weiter) »über den bloßen Partiturcharakter eines Drehbuchs hinausführt und zur erzählerischen Eigenform findet.« Alles – um einmal ein Wort von Siegfried Lenz aufzunehmen – »schleirige« Beschönigungen des nüchtern-materiellen

Sachverhalts, daß ein Schriftsteller, wie es sein Recht ist, ein- und dasselbe Schriftstück doppelt verwertete, im Fernsehen als Drehbuch und auf dem Buchmarkt als »Erzählung«, und daß er es unterließ, sich die notwendige doppelte Arbeit zu machen, die erforderlich gewesen wäre, das Skript in die einem epischen Werk angemessene Form zu bringen (der »versierte Schriftsteller« und das Prinzip der größtmöglichen »Sparsamkeit«). Doch selbst noch, wenn Lenz etwas einem Drehbuch Ähnlicheres vorgelegt hätte oder eine Zwischenstufe zwischen diesem und einer Prosaerzählung, würde dies nichts daran ändern, daß ein gewisses Maß an »geistiger Auseinandersetzung« hierdurch nicht prinzipiell ausgeschlossen wäre; so gering darf man das Drehbuch oder den Zwitter aus Drehbuch und Prosa nicht schätzen.

Der Text von Lenz, knüpfte er in der Tat nicht an die Auseinandersetzungen der Gegenwart an (Verweigerung einer Meinungsäußerung etwa zur Friedensbewegung), käme auch dann und auch so einer Stellungnahme zu den Fragen der Gegenwart gleich. In Wirklichkeit ist es jedoch nicht der Fall, daß Lenz seine Parteilichkeit lediglich implizierte; er expliziert sie drastisch, wie dies Helmut Peitsch in der *DVZ* dartat:

> In Lenz' Fabel verbinden sich zwei Komplexe, die in der politischen Öffentlichkeit der Bundesrepublik während der letzten Jahre für erhebliche Aufregung gesorgt haben: Die Kriegsgerichtsbarkeit der Nazi-Wehrmacht und die Rettung der Flüchtlinge über die Ostsee. [...] (Insbesondere herrschte, d. Verf.) eine befremdliche Einmütigkeit über die Rolle der Marine, als der ehemalige Nazi-Admiral Dönitz beerdigt wurde. Von rechts bis linksliberal feierte man ihn als Retter der ostdeutschen Flüchtlinge. Den hier deutlich gewordenen historischen moralischen Trend bedient auch Lenz' »Ein Kriegsende«. Was als auswegloses existenzielles Dilemma erscheint, ist zumindest in der Beschwörung östlicher Gefahr eindeutig. Aber diese eindeutige Stellungnahme erfolgt in der Form der Ausgewogenheit, die den Wahnsinn der Militärgerichte und des Flüchtlingselends verurteilt. Lenz bewährt sich, indem er den Gegnern Filbingers und den Freunden des Großadmirals gerecht wird, in einer durchaus problematischen Weise als der Schriftsteller der »Mitte« [...].

Zunächst kann offenbleiben, ob dieser Rezensent Recht hat

mit der Feststellung, Lenz »verurteile« den Wahnsinn der Militärjustiz und des Flüchtlingselends. Aber Tatsache und unübersehbar ist die antisowjetische Tendenz des Texts (»Stell dir vor: du kommst verwundet in Gefangenschaft. Beim Iwan.«), und weder Autor noch Personen der Erzählung relativieren Äußerungen dieser Art. Im Dunkeln läßt Lenz das Motiv der britischen Besatzungsmacht, die der deutschen Militärgerichtsbarkeit über das Kriegsende hinaus erlaubte, sich in gewohnter Weise zu betätigen (z. B. gegen Antifaschisten), ein Motiv, das Hochhuth herausarbeitete und welches selbst in dem erwähnten italienischen Streifen *Die im Dreck verrecken* deutlich hervortritt: Die englische Regierung wünschte, weil sie die Möglichkeit eines Kriegs der Westmächte gegen die Sowjetunion nicht ausschloß, die in ihrem Bereich vorhandenen deutschen Truppenteile intakt zu halten, um sie auf westlicher Seite einzusetzen. (Wie es der italienische Film darstellt: eine Vorform der NATO-Politik.) Bei Lenz darüber Schweigen. Schattenhaft bleibt eine gelegentlich eingebrachte Reminiszenz (»meuternde Elemente an Bord von Großkampfschiffen«) – 1917? 1918? –, zu karg, um dem Leser das Weiterdenken zu ermöglichen, zumal im selben Zusammenhang die Bewertung steht: »abschreckend«.

Also Tendenz: ja; aber »geistige Durchdringung«? Ein einziger Ansatz »geistiger Durchdringung« ist registrierbar, der darin besteht, daß die Handlungsweise der Schiffsbesatzung, soweit sie den Gehorsam aufkündigt, auf den Nenner gebracht wird: »Vernunft«(22), hingegen die entgegengesetzte des Kommandanten, der weiterhin die Befehle der NS-Marineleitung ausführt, auf den der »Pflicht« (34; 53f). Man hat nie verkannt, daß Autor Lenz die Antithese »Vernunft« und »Pflicht« favorisiert – sie liegt auch dem Roman *Deutschstunde* zugrunde –, jedoch nicht immer gesagt, daß die Kontrastierung beider Begriffe nicht überzeugt, muß doch in einer philosophisch begründeten Ethik das Antonym zu »Vernunft« vielmehr »Unvernunft« lauten, das Antonym zu »Pflicht«: »Pflichtwidrigkeit«, »Neigung«. Es wäre sogar nicht falsch, »Vernunft« und »Pflicht« einander so angenähert zu denken, daß die Pflicht darin bestünde, dem Gebot der Vernunft zu folgen. Weil aber Lenz selber dem Leser die Begriffe zwar hinwirft, jedoch nicht weiter Wert auf sie legt, schon gar nicht ihre Problematik vertieft, mag der Leser sie ebenso auf sich beruhen lassen.

Was nicht gleichermaßen für den Figurenbestand der Erzählung gilt. Weshalb? Falls Lenz denn wirklich »aus dem Geschichtlichen« das »Exemplarische« gewänne, es müßte an den Figuren sichtbar werden. Zum Schluß soll deshalb nach den Figuren gefragt werden, nach ihrer Konstellation und dem Handeln einzelner von ihnen. Zuvor allerdings benötigte man nun in der Tat die genaue Gattungsbestimmung: Erzählung, Novelle, ja selbst ein Drehbuch oder die Zwischenstufe zwischen Drehbuch und Prosa ließen den Leser einen ganz anderen Figurenbestand erwarten (individualisierte Charaktere) als etwa Parabel, Gleichniserzählung, Allegorie, einen wiederum andersartigen das Tagebuch, Protokoll oder die Niederschrift eines »stream of consciousness« (innerer Monolog). Lenz seinerseits übermittelt uns zwar ein paar Signale, aber niemals mehr, keinerlei sichere Anhaltspunkte. Solche – undeutlichen – Signale sind am ehesten noch einige sonderbare Perfektformen, die auf Anhieb wie neue Beispiele grammatischer Velleitäten aussehen: »Sie schickten einen Funkspruch, der den Steuermann unsicher machte für eine Weile; obwohl ich selbst den Text nicht *gelesen habe*, hörte ich aus den schleppenden Beratungen heraus, daß [...].«

Das Tempus indiziert einen zeitlichen Abstand zwischen dem damaligen Geschehnis und dem Erzählvorgang, schließt ein: weder damals gelesen habe noch irgendwann später. Dieselbe zeitliche Distanz deutet Lenz zwei weitere Male durch die Konstruktion Modalverb + Perfektpartizip an (»Es muß ein Archivraum gewesen sein, in den sie uns führten.« »Der Gemeinschaftsraum, in den sie uns führten – es mag ein Speise- oder Vortragssaal gewesen sein – [...].«); Hypothese: es handelt sich um die Aufzeichnung von Ereignissen des Jahres 1945 oder den mündlich erstatteten Bericht des Ich-Erzählers (Rudergängers) aus einer nicht exakt zu bemessenden zeitlichen Distanz. Ausgeschlossen ist die Möglichkeit, das Ganze als inneren Monolog zu interpretieren, setzt Lenz doch gleich im ersten Satz mit dem herkömmlichen Tempus der erzählenden Literatur ein, dem Imperfekt (»Unser Minensucher glitt ...«), und diese Form dominiert im Text bis zum Ende. Auch gegen das Tagebuch spricht die Ungleichzeitigkeit von erzählter und Erzählzeit. Allerdings mit der Parabel und Allegorie hat der Text eine Gemeinsamkeit: die Namenlosigkeit der Mehrzahl der Figuren, sonst jedoch keine, so daß wirklich, einmal von Drehbuchspuren abgesehen, nur die Gattungsbestimmung übrigbleibt: Erzählung oder Verwandtes. Insofern kann der Frage nach dem Figurenbestand die Berechtigung nicht bestritten werden.

Eine konventionelle Methode der Figurencharakterisierung –

kraft Individualisierung des Sprechstils – ist dem Autor nicht unbekannt. Seite 9, wo er den Kapitän in die Handlung introduziert, kündigt der Ich-Erzähler an: »mitunter fiel er ins Platt«. Aber obwohl der Kapitän in dem Text ferner verhältnismäßig viel in direkter Rede vorträgt, begegnet in keiner seiner Repliken eine einzige Silbe Plattdeutsch.

Hingegen greift Lenz ein anderes Mittel sprachlicher Charakterisierung sehr wohl auf: die Verwendung von Umgangsdeutsch. Beispiele: »Ich denk« (statt: denke), »Ich brauch«, »Was issen los?« Da dies Mittel indes inkonsequent eingesetzt ist, hie und da auftaucht, öfter unbenutzt bleibt, verstärkt es höchstens den Eindruck stilistischer Sorglosigkeit, mit dem Effekt zunehmender Irritation des Lesers.

Nicht mehr als drei Figuren haben einen Namen: der Kapitän (Kommandant), Steuermann und »der alte Feuerwerker«. Die anderen sind namenlos und ebenso gesichts- wie charakterlos (in dem unübertragenen Sinn des Worts.) Mit Hilfe oft nur eines einzigen Epithetons sollen die Personen differenziert werden: »der Neue« (weshalb »neu«, ist unklar), »ein blasser Hüne in Drillichzeug«, »ein säbelbeiniger Bootsmann«. Viel ist es schon, wenn Lenz den NS-Richter so beschreibt: »ein älterer Mann mit eingefallenen Wangen und Tränensäcken unter den Augen«. Zuweilen vermeldet der Verfasser über eine Figur faktisch nichts außer ihrem Tod: »[...] einer von uns wurde in die Nock geschleudert [...]. Der tote Signalgast wurde in Segeltuch geschnürt – nicht eingenäht, sondern nur geschnürt – und, mit zwei Gewichten beschwert, übers Heck dem Wasser übergeben.«

Die berühmte Lakonie? Allerdings liest sich das lakonisch, etwa wie die Zeilen eines Unfallberichts in der Zeitung, weshalb man auch, wie beim Unfallbericht die Regel, nicht angereizt wird, auch nur einen einzigen Gedanken an den Toten zu verschwenden.

Wie die übrigen Namenlosen, so der Ich-Erzähler. Man erfährt nicht die Andeutung eines Motivs, weshalb er zu den Meuterern stößt. Wie den übrigen geht ihm so gut wie alles ab, was ihn dem Leser interessant machen könnte: ein Innenleben, die Fähigkeit zu geistiger Auseinandersetzung (»geistiger Durchdringung«!), ein Hauch von Emotion. Er hat, auch hierin den übrigen gleich, keinerlei soziale Beziehung, Familie, Liebe, Freundschaft, weder Erinnerungen noch Träume, weder Absichten noch Pläne, irgend etwas bewußt zu verändern, natürlich auch keine eigene Sprache (alle in dem Buch könnten alles sagen). Hinck behält ja Recht mit seiner Anmerkung: »keine psychologische Feinbeobachtung«, jedoch abermals damit nicht, daß er selbst diesen Mangel noch (nicht nur diesen, wir wissen es) mit Bezugnahme auf ein Brecht-Zitat zum Pluspunkt für den Autor umzumünzen versucht: »Es sind das Von-außen-Sehen und die Wendung gegen eine vom Sozialen ablenkende Psychologie«, die nach Brecht den Film und nach Hinck den Text von Lenz auszeichnen.

Lenz spricht in seiner Erzählung über Soziales, aber, von der antisowjetischen Tendenz einmal abgesehen, gerade nicht abgetrennt von der Psychologie. Dies läßt sich am besten an der Weise veranschaulichen, in der er zwei besonders herausgehobene Akteure schildert: die Anführer der »Meuterer«, den Steuermann und den Feuerwerker.

Über den Steuermann, der zunächst als eine Art Zwilling des Kapitäns erscheint – gleiche Herkunft, gleicher Zivilberuf (Fischdampfereigner) – gibt der Autor zwei Informationen: bei der Gerichtsverhandlung zeigt er sich »mitunter schuldbewußt«; ohne Angabe näherer Einzelheiten wird ihm angelastet, während des Kriegs zweimal »sein Schiff verloren« zu haben. Daher gewinnt der Leser, falls nicht einen übleren, so zumindest den Eindruck: Verlierertyp. Schuld? Unfähigkeit? Fahrlässigkeit? Die Frage bleibt.

Eine andere Figur fiel dem Rezensenten der *NZZ* auf (soviel ich sehe, nur ihm): »ein Unruhestifter tut das seine«. Gemeint ist der Feuerwerker, Sprecher der einfachen Matrosen, der zweite Kopf der Meuterer neben dem Steuermann. Zufall, daß Lenz von allen Figuren dieser die bei weitem ausführlichste Charakteristik widmet?

Am Anfang teilt der Erzähler ein Gerücht über ihn mit: »[...] auf MX 12 wurde gemunkelt, daß er in langer Fahrenszeit zweimal degradiert worden war«. Später bestätigt er selber es: »Du kennst meine Papiere. Du weißt, daß sie mich degradiert haben ... Beide Male wegen Befehlsverweigerung. Und ich würd's wieder machen ... wieder, ja ...«.

Bald darauf setzt er sich dadurch in schlechtes Licht, daß er mit seinem Wissen prahlt. In der Mitte des Berichts präsentiert er sich als einer der Anführer der Meuterer. Ihm gehorchen sie auf einen »Wink« hin. Während der Meuterei beginnt er auf einmal, seinen Mitverschworenen, den Steuermann, vertraulich zu duzen, woraufhin, wie es heißt, der Steuermann – schweigt. Hiernach entwickelt der Feuerwerker so etwas wie das Konzept des »Bürgers in Uniform«. Erneut jedoch verweigert der Steuermann das Gespräch. Zu seinen Naivitäten gehört, daß er die Nachricht von der deutschen Kapitulation mit Rum zu begießen wünscht (Indiz: Süffel!), wozu er die übrige Besatzung einlädt. Wiederum schmettert man ihn ab: »[Der Feuerwerker, Anm. d. Verf.] trat an sein Spind, zog unterm Wollzeug eine Rumflasche hervor und setzte sie mit einladender Geste ab (›sic‹ – für: an? Anm. d. Verf.). Er fand keine Zustimmung, niemand griff nach seiner Flasche [...].«

Allen geht er besonders dadurch auf die Nerven, daß er sich unentwegt überaus geschwätzig zeigt (»da der Feuerwerker unaufhörlich redete«), womit er sich eine neue Abfuhr holt (»Halt die Schnauze«). Im Gewahrsam der NS-Justiz ist er der einzige – wie könnte es auch anders sein? – , der nicht an sich hält, sondern laut redet und weitschweifige Erklärungen abgibt. Entzieht ihm der Nazi-Richter in der Verhandlung das Wort? Für einen Moment sieht es so aus, »doch er ließ den Feuerwerker aussprechen, und dann sagte er sarkastisch: Es hätte mich gewundert, wenn ein Mann mit Ihrer Vergangenheit nicht die Zuständigkeit des Gerichts bezweifelte.«

Über einen solchen – so geht es zu in der Erzählung von Siegfried Lenz – darf selbst das NS-Marinegerichtsrat noch das letzte Wort behalten.

Was wir vor uns haben, ist der Typ des Verräters, vielleicht der sozialdemokratische Bilderbuch-Agitator in der Vorstellungswelt des besitzenden Bürgertums von anno 1878. Auffallend: Der Feuerwerker verhält sich in krasser Weise anders als alle andern, verhält sich nicht »norddeutsch«, er bildet den Gegensatz zu all den kernfesten Marinern, jenen NS-Kriegsgerichtsrat nicht ausgenommen. Im allgemeinen hat der Mann bei Lenz »wortlos« zu sein (11, 42), »verschlossen«, für gewöhnlich sagt er »kein Wort«, »kein erläuterndes Wort«, unterläßt einen »Zuruf«, verbietet sich eine gegen einen anderen gerichtete »Beschuldigung«, verharrt »in schweigendem Gegenüber«, der reguläre Zustand im Raum sollte sein: »Stille«. Dem weniger apologetisch gestimmten Rezensenten hätte das Eintönige der Zeichnung psychischer Reaktionen, das psychische Minimum, das hier Ereignis wird, doch einen Tadel ablocken dürfen, einen Tadel zudem die suspekte Art, wie der Autor die wortlos Schweigenden mit dem wortreich lärmenden Unruhestifter kontrastiert. Der Wortlosigkeit entspricht überdies eine nicht weniger häufige Blicklosigkeit (durch andere »hindurchsehen«, nicht zur Brücke »hinaufsehen«, »kein Blick«, an anderen »vorbeisehen«). Der Kenner könnte meinen, hier habe jemand gewisse Züge des Prosaisten Brecht in dessen kürzeren erzählenden Geschichten ins Allzutriviale pervertiert.

Die Schilderung des Anführerduos der Meuterer ist
1. eine Psychologie, die
2. ohne Umschweife auf Soziales hinlenkt:
eine durchaus denunziatorische Art der Charakterisierung, in der eine gesellschaftliche Stellungnahme greifbar wird – die Ablehnung der Auflehnung, deren Leiter konsequent der Todesstrafe überliefert werden (frei nach der Opernarie: »So muß enden/Wer Böses tat«).

Entgegen der zitierten Äußerung Peitschs finde ich keineswegs, daß Lenz »den Wahnsinn der Militärgerichte und des Flüchtlingselends« verurteile. Was er verurteilt – die Untersuchung des Figurenensembles beweist es –, sind die Meuterei und die Meuterer, und unter diesen vorzugsweise den Sprecher der einfachen Matrosen, den »alten Feuerwerker« (= ein Mann, der zündelt; Symbol?).

Der Rezensent der *NZZ*, ebenfalls bemüht, Lenz über Hochhuth zu erheben, rühmt: »Ein Kriegsende: nur schon der Titel verrät die Anstrengung, aus der Sache lieber sehr wenig als bloss eine Messerspitze zuviel zu machen.«

Es ist dem Verfasser gelungen. Doch dies sehr wenige bleibt immerhin eindeutig genug, eine keineswegs unkräftige Stellungnahme zu den politischen Konflikten der Gegenwart: Dem Tode ist zu überliefern, wer, wie der Steuermann (zwei verlorene Schiffe auf dem Schuldkonto) und der Feuerwerker (doppelt degradiert), aufbegehrt in einer Situation, in welcher alle Mann anpacken müssen, um – wie es auf Seite 16 wörtlich heißt – »arme Hunde« dem Zugriff des Iwan zu entreißen.

Um es zusammenzufassen: Überprüft man den Text von Lenz einmal gründlicher, so bleibt in der Tat »sehr wenig«. Jenes sehr wenige, es rechtfertigt insgesamt weder den Tenor noch den Inhalt der Besprechungen, wie denn im einzelnen die Sprache des Texts das Lob der Sprache, die Erzählhaltung des Autors die Belobigung der Erzählhaltung aufheben. Jenes sehr wenige aber, obwohl es weder den Tenor noch den Inhalt der Rezensionen rechtfertigt, erklärt sowohl den Tenor als auch den Inhalt der Sprüche der Rezensenten, bedenkt man nämlich die Art der Parteinahme ihrer Blätter zu den politischen Konflikten der Gegenwart mit.

Sollte es nicht zuletzt, dies sehr wenige, dem wahrhaft mündigen Bürger unseres Landes die Beantwortung der Frage erleichtern, ob dergleichen Text eine »Schule der Mündigkeit« sei (aus der die Denunziation von »Unruhestiftern« als Methode der Auseinandersetzung eliminiert sein würde) und ob geeignet, demnächst zum »Kanon der Unterrichtslektüre« gezählt zu werden?

Anmerkungen:

Die Zitate aus *Ein Kriegsende* (Hamburg 1984) werden, um den Text zu entlasten, nur ausnahmsweise mit Seitenzahl (in Klammern) versehen, wo dies aus Gründen der Argumentation wichtig erscheint.

1. 20. 10. 1984 (Besprechung).
2. Außer den in Anm. 1 verzeichneten Besprechung vgl. z.B. *Süddeutsche Zeitung*, 29./30. 9. 1984; *Die Welt*, 3. 10. 1984; *Deutsches Allgemeines Sonntagsblatt*, 21. 10. 1984; *Neue Zürcher Zeitung*, 23. 11. 1984; im Folgenden meistens nur Kennzeichnung per Chiffre (*SZ*, *DAS*, *NZZ*). – Eine Ausnahme bildet lediglich die Besprechung in der *Deutschen Volkszeitung/die tat*, 30. 11. 1984 (hierin u.a. prinzipielle Beanstandungen); im Text: *DVZ*.
3. In der *DVZ*, wie unter Anm. 2.
4. Hinweis auf *Die Caine war ihr Schicksal* in *dpa/feature* vom 29. 10. 1983 (=Bericht über die Verfilmung fürs Fernsehen).
5. Z. B. [...] liefen wir kleine Fahrt./ [...] nach Kurland zu laufen [...]/ [...] lief kein Geleit mehr ostwärts [...]/ [...] an schwedischen Hoheitsgewässern weiterzulaufen [...]/ Wir liefen mit Marschgeschwindigkeit [...]/ Wir liefen auf nordöstlichem Kurs [...]/ [...] er lief mit voller Fahrt [...]/ [...] überliefen wir das Gebiet mehrmals [...]/ [...] während wir auf die Stelle zuliefen [...]/ [...] Befehl, zurückzulaufen./ [...] da wir bald mit äußerster Kraft auf Gegenkurs abliefen [...]/ [...] MX 12 werde nach Kiel laufen [...]/ Wir liefen in voller Fahrt [...]/ [...] Boot, das [...] an den ankernden Schiffen vorbeilief [...]/ Zurücklaufen in den Sund [...]/ [...] Zeit des Auslaufens [...].
6. Dazu vgl. Wolfgang Beutin, *»Deutschstunde« von Siegfried Lenz. Eine Kritik. Mit einem Anhang: Vorschule der Schriftstellerei*, Hamburg 1970 (=Lynx-Druck 2), S.7 f.
7. Wie unter Anm. 6, S. 10 f.
8. Helmut Peitsch, in der *DVZ*, wie unter Anm. 2.
9. Z. B.: [...] rief einer./ [...] keiner von uns wagte [...]. Keinervon uns rührte sich [...]. Kaum einer sah [...]./ Einer sagte [...]/ Jeder merkte [...]/ [...] niemand dachte daran [...]/ Einer von uns ging [...] vier andere taten es ihm nach./ Einer von uns rief [...] keiner von uns hob die Zigarette an dem Mund./ [...] fragte einer von uns [...]/ Wer konnte, hielt sich an Deck auf [...].
10. Wie oben zitiert, verlangt einer der Rezensenten, der sich über die Sprache äußerte, der »Lesepartner« müsse die Bilder, die er im Text suche, in sich selber »entfachen« und das Sinnliche durch »Waltenlassen« seiner eigenen Sinne hervorbringen. Jetzt kommt es an den Tag, daß die tonangebenden Kritiker in den überregionalen Zeitungen dem Leser überdies zumuten, die Substanz der Geschichte, die Lehre, das Urteil über die Geschehnisse, die Moral ebenfalls selber zu machen, eine Zumutung nicht zuletzt doch angesichts eines Buchpreises von DM 18 für weniger als 60 Seiten (à 26 Zeilen mit etwa 50 Anschlägen). Viel fehlt nicht, und es läge ein komplettes do-it-yourself-Werk vor, an dem der Autor nichts mehr und der Leser alles selber zu machen gehabt hätte!
11. Hg., in der *NZZ*, wie unter Anm. 2.

Zur Erinnerung verurteilt
Siegfried Lenz im Gespräch mit Winfried Baßmann

Siegfried Lenz, Sie werden in diesem Jahr mit renommierten Kunst- bzw. Literaturpreisen geehrt. Sie haben den Manès-Sperber-Preis der Republik Österreich erhalten, und die Stadt Lübeck zeichnet Sie mit einem Preis aus, der nach dem berühmtesten Sohn dieser Stadt, nach Thomas Mann, benannt ist. Was bedeuten Ihnen diese Preise?

Ganz vordergründig gesagt, ein Grund zur Freude, wobei ich allerdings die Ursprünge dieser Freude genauer benennen muß. Mit Manès Sperber war ich einige Jahrzehnte lang befreundet; ich habe sehr viel von ihm gelernt. Ich bin ihm verpflichtet für ganz bestimmte Einsichten, die ich durch ihn erworben habe.

Bei Thomas Mann war es so, daß ich meinen ersten Literaturpreis vor 34 Jahren praktisch aus seiner Hand erhielt, mit einer Begründung, die er selbst formuliert und unterschrieben hat; hier schließt sich gewissermaßen ein Kreis.

Selbstverständlich, über die Freude hinaus, sind diese Preise auch ein Grund, zurückzudenken, zumindest aber auch die eigene Situation als Schriftsteller zu bedenken; man sitzt allein, nicht nur Monate, sondern Jahre, man wählt freiwillig ein Risiko, indem man sich der Gesellschaft, die man kritisiert, gegenübersetzt, schreibt in der Hoffnung darauf, Gleichgesinnte, Gleichgestimmte oder aber Leser zu finden, die interessiert sind am Einspruch. Mit anderen Worten: Wenn man das Resultat einer Arbeit aus der Hand gibt, einen Roman, ein Theaterstück oder einen Band mit Erzählungen, ist man selbstverständlich interessiert an einem Echo und an einer bestimmten Qualität des Echos. Insofern ist dies tatsächlich ein Anlaß zur Freude.

Sie haben den Anfang 1984 verstorbenen Manès Sperber, den Träger des Friedenspreises des Deutsches Buchhandels, gut gekannt, ja Sie waren eng mit ihn befreundet. Welche literarischen oder politischen Gemeinsamkeiten gab es zwischen Ihnen beiden, und wo lagen die erwähnenswerten Unterschiede?

Unterschiede, um damit zu beginnen, ergeben sich wie von selbst, wenn man bedenkt, woher er kommt, wie sehr er geprägt war durch sein Elternhaus, das bestimmt war durch Gottesgelehrte, durch Rabbiner; das heißt, er wurde in einer ganz bestimmten Tradition erzogen. Er lebte in einer Zeit, in der es für ihn gar keine Möglichkeit gab, das, was sich in seinem Gesichtskreis ereignete, gleichgültig passieren zu lassen. Er war von so viel Not, Verzweiflung und Demütigung umgeben, daß sich ihm von selbst die Frage stellte, wie er darauf reagieren sollte.

Er hat sich sehr früh, schon im Alter von 13 Jahren, zu einer noch ungerichteten, aber immerhin zu einer Aktion entschlossen. So wurde er zum Revolutionär; zu einem Revolutionär freilich, der darauf achtete, sich die Unabhängigkeit seines Urteils zu erhalten. Wann immer für ihn die Grenze der Selbstverleugnung erreicht war, sagte er Nein und zog sich auf sich selbst zurück.

Er war ein Mann, der einsah, daß, um handeln zu können und das zu bewirken, wovon er träumte, eine Organisation, eine Bruderschaft nötig war, daß aber in dem Augenblick, wo diese Gemeinschaft ihn zu rabiat auf ihre Spielregeln verpflichtete, er immer bereit war, mit ihr zu brechen. In diesem Dilemma befand er sich fast die ganze Zeit seines Lebens.

Manès Sperber gehörte der kommunistischen Partei an. Er hat alles auf sich genommen, was man damals offenbar auf sich nehmen mußte, um seinen Überzeugungen die Treue zu halten, nämlich die Bitternis des Exils, Flucht, Verfolgung und Armut. Aber als in Moskau die Schauprozesse begannen und er feststellte, daß unter absurdesten Anschuldigungen Menschen zum Tode verurteilt wurden, gab es für ihn keine Wahl mehr: Er bestand darauf, sich sein eigenes Urteil zu bilden und zog sich zurück. Sein Roman *Wie eine Träne im Ozean* ist ein Plädoyer für die Enttäuschten, und nicht nur für sie, sondern auch für die skeptischen Wahrheitssucher.

Wir gehörten beide einer Vereinigung an, die nach dem Kriege gegründet wurde von Arthur Koestler, von Ignacio Silone, auch André Malraux war beteiligt, dem »Kongreß für die Freiheit der Kultur«. Wir fanden uns in der Überzeugung, daß etwas getan werden mußte für die Freiheit der Kultur, um das abzuwehren, was sie jeden Tag bedroht durch die kleinen und großen Usurpatoren. So versuchten wir, auch durch Publikationen, die diese Gesellschaft damals besaß, in entsprechendem Sinne tätig zu sein.

Manès Sperber brachte mich dazu, einen ganz bestimmten Umgang mit der Geschichte zu pflegen. Er war ein Mann, der sich selbst als »Erben des Vergangenen« bezeichnete, der von sich selbst sagte: »Ich bin ein Erinnerer, ich bin ein Bewahrer«, weil der geschichtliche Prozeß für ihn nicht aufhörte. Er versuchte, denen, die durch despotische Gewalt stimmlos geworden waren, eine Heimat zu verschaffen. Das habe ich von ihm gelernt, daß der historische Prozeß sich nie auf ein definitives Ziel hinbewegt, auf ein Happy End der Geschichte, sondern daß wir sozusagen Debütanten sind, fortwährend unterwegs, aber verurteilt, uns zu erinnern.

Was verbindet Sie mit Thomas Mann? Was haben Sie für Ihre eigene schriftstellerische Arbeit von ihm gelernt, wie würden Sie die literarischen Verwandtschaftsbeziehungen zu Thomas Mann beschreiben?

Wie schon erwähnt, erhielt ich vor 34 Jahren, als mein erstes Buch erschien, einen Preis, den er zusammen mit Hermann Kesten und Alfred Neumann gegründet hat, einen Preis deutscher Schriftsteller, dessen Plan im Exil entstand.

Ich habe Thomas Mann in meiner Studentenzeit nicht nur gelesen, sondern verschlungen. Vor allem die außergewöhnliche stilistische Meisterschaft, seine Gelassenheit und etwas, worauf ich erst später kam und das ich zunächst unbewußt übernahm, beeindruckten mich sehr: was er mit den Mitteln der Ironie erreicht, nämlich der permanente Vorbehalt gegenüber dem, was man beschreiben muß. Das habe ich erst später begriffen und mir auf meine Art zu eigen gemacht: den Vorbehalt gegenüber dem, was dargestellt werden muß, zu erreichen, indem ich zunächst einmal mich selbst bestimmte zu dem, was ich sagen wollte. In dem Augenblick, in dem ich mich selbst einbrachte, mich selbst definierte, konnte ich bei mir einen Vorbehalt, eine Distanz feststellen, eine Distanz, die für jeden Erzähler nötig ist, damit er nicht ertrinkt im Deskriptiven. Er muß sich herausnehmen und zu einer ganz bestimmten Distanz finden gegenüber dem Erzählprozeß. Das ist etwas, was ich indirekt von ihm gelernt habe.

Natürlich ist meine lebenslange Thomas-Mann-Lektüre von einer ganzen Reihe von Entdeckungen begleitet. So die Entdekkung, daß bei ihm protestantische Ethik und kapitalistischer Geist als Kennzeichen eines bestimmten Bürgertums eine ungewöhnliche Rolle spielen in dem, was sie zusammen darstellen.

Natürlich habe ich mich mit den *Betrachtungen eines Unpolitischen* beschäftigt, und insgesamt ist er mir auch von seiner politischen Haltung – die sich ja geändert hat – und von der Entschiedenheit seiner Stellungnahme während des Krieges her in gewisser Weise zum Lehrmeister geworden, der lange genug wartete, aber dann, wenn er sich für etwas entschied, es auf eine so unbedingte und wirksame Weise – als Schriftsteller – tat, wie man es für sich selbst nur wünschen kann.

Siegfried Lenz, wir gedenken 1985 des 40. Jahrestages des Kriegsendes. Zu den in diesem Zusammenhang markantesten Daten, etwa der Bombardierung Dresdens in der Nacht vom 13. auf den 14. Februar 1945, oder dem 8. Mai gab es eine nicht zuletzt auch parteipolitisch bestimmte Diskussion, in welcher Form die Erinnerung an diese untrennbar mit deutscher Geschichte verbundenen Ereignisse wachgehalten werden sollte. Ich denke da zum Beispiel daran, daß in Hannover eine gemeinsame öffentliche Kundgebung von Parteien, Kirchen und Gewerkschaften zum 8. Mai am Widerstand der CDU scheiterte, die für eine geschlossene Veranstaltung mit geladenen Gästen plädierte.

Was, glauben Sie, können solche Tage beitragen, die eigene Geschichte kritisch zu reflektieren? Wie bewerten Sie den oft kleinkarierten Streit um die Art, wie solche Gedenktage begangen werden sollten?

In der Tat sind solche Daten untrennbar mit der deutschen Geschichte verbunden. Es liegt auf der Hand, daß sie jeden Deutschen betreffen, nicht nur einzelne Parteien oder einzelne Bewegungen. Ich glaube, wir sollten souveräner mit unserer Geschichte umgehen; nicht, indem wir sie verdrängen, sondern indem wir eine historische Kausalität anerkennen. Das heißt anerkennen, was Geschichte uns eingetragen hat oder was wir uns selbst eingetragen haben durch ganz bestimmtes Verhalten oder ganz bestimmte Hinwendungen. Ich finde es in der Tat kleinkariert, wenn man darüber streitet, in welcher Weise man einen solchen Tag begehen soll.

Es ergibt sich doch wie von selbst: Wir haben uns zu den Folgen historischer Prozesse zu bekennen. Wir haben uns zu fragen: Was wäre, wenn? Wenn man schon verlegen ist an bestimmten Schrekkensvorstellungen, dann sollte man sich fragen: Was wäre, wenn Hitler gewonnen hätte? Wo wäre Europa heute? Wo wären die westlichen Demokratien? Wo wären wir mit unserem demokratischen Bedürfnis nach eigener Willensbildung? Wo wären wir, wenn die Hitler, Göring, Goebbels und wie sie alle heißen, heute ihre Stellvertreter an der Macht hätten? Vielleicht lebten einige von ihnen immer noch und würden uns immer noch beherrschen. Allein diese Schreckensvorstellung reicht aus, um sich dazu zu bekennen, daß dieses Ende unter Schmerzen, dieses Ende mit Leid uns die Chance eines Anfangs gab, für den dankbar zu sein – trotz aller Verluste, trotz aller Opfer – wir allen Grund haben.

Heinrich Böll hat mit Recht gefragt: Was ist denn damals zusammengebrochen? Das System. Aber welch ein System? Wenn ich heute, um ein aktuelles Beispiel zu nehmen, die Wochenschauen von Januar und Februar 1945 sehe: die armen Soldaten, die aufgefordert werden, in die Kamera zu lächeln, wissen, daß alles vorbei ist, daß nur noch eine mörderische Clique darauf wartet, daß alles in den Abgrund hineingezogen wird, dann frage ich, mein Gott, begreift denn niemand, welch einen Grund wir haben, innezuhalten, uns darauf zu besinnen, was damals geschehen ist, was wir über andere brachten und was schließlich andere tun mußten, damit dies mörderische Regime sein Ende fand.

Sie waren dreizehn Jahre alt, als der Krieg begann. Den Krieg selbst erfuhren Sie zunächst nur aus dem Radio und aus der Zeitung. Dennoch war er für Sie als Schüler ständig gegenwärtig: Waffenausbildung, Wehrertüchtigung, Schießübungen. Als Sie siebzehn waren, holte man Sie zur Marine, wo Sie Augenzeuge des Untergangs wurden. Inwiefern haben die Ereignisse dieser Zeit Ihr Bewußtsein und auch Ihre spätere schriftstellerische Arbeit geprägt?

Ich glaube, nicht nur ich, sondern auch viele meiner Kollegen und Freunde, mit denen ich eine Generationserfahrung teile, sind davon geprägt worden. Zunächst einmal fragten wir uns, als wir das Ausmaß des Elends und Unglücks, das über Europa gekommen war, erfuhren, wie es dazu hatte kommen können. Als wir – fast im Sinne einer Zwangsaufklärung – unmittelbar nach Kriegsende die ersten Zeitungen lasen, die frei waren von Zensur, frei von Beschönigung und Lüge, fragten wir betroffen: Ist das wahr? Ist das alles in deutschem Namen passiert? Und wir versuchten als Schriftsteller mit unseren Möglichkeiten darauf zu antworten.

Ich habe eine Reihe von Erzählungen, Romanen und Theaterstücken geschrieben, in denen ich versucht habe, dies darzustellen, wenn Menschen keine andere Möglichkeit mehr haben, als einem Befehl zu folgen. Im vergangenen Jahr habe ich eine Erzählung geschrieben, das *Kriegsende*, in der ich verschlüsselt noch einmal das Gehorsamsproblem zur Diskussion stellte, übrigens mit einem Echo, von dem man nur träumen kann: es wird selbst in der Bundeswehr diskutiert. Damals fragten wir uns, wie es geschehen konnte, daß so viele Millionen Menschen bereit waren, nicht nur mitzulaufen, sondern alles, was sie besaßen und worüber sie verfügten, einzubringen in diese schreckliche Prozedur der Verführung, die bereit waren, dem Verbrechen zu dienen. Es waren Erlegene – ich gehörte mit dazu, mit 17 Jahren –, und natürlich versuchte man sich hinterher darüber klarzuwerden, wie das geschehen konnte. Wenn ich davon ausgehe, daß der geschichtliche Prozeß nicht aufgehört hat und wir uns zu unserer Geschichte bekennen müssen – denn wir sehen ja die Wirkungen, die von 1933 ausgingen, auch heute noch –, wird man verstehen können, daß die Angehörigen meiner Generation gar keine andere Möglichkeit hatten, als sich auseinanderzusetzen mit diesem traumatischen Erinnerungsgepäck.

Wenn ich mir in der Zeitung so anschaue, was uns heute noch erreicht, wenn dieser Kaufmann oder jener Richter vor Gericht gestellt wird, wenn plötzlich etwas zum Vorschein kommt, was wir längst vergessen haben, was uns aber immer noch darauf verweist,

Siegfried Lenz mit seiner Frau

daß die Folgen des Krieges nicht ausgestanden sind, dann sage ich mir als Schriftsteller, daß ich darauf reagieren muß. Ästhetisch gesprochen: jeder Autor hat einen begrenzten Konflikthaushalt, und es ist erforderlich, daß man ihn darstellt, wendet und ihm die Treue hält ein Leben lang.

1968 erschien dasjenige Ihrer Bücher, das ich – trotz der Fülle Ihres literarischen Werkes – als den Schlüssel zum Verständnis Ihrer literarischen und politischen Positionen ansehe: der Roman Deutschstunde. *Dieses Buch ist zum zentralen Bestandteil der deutschen Nachkriegsliteratur geworden; durch den Transfer der literarischen Aussage auf einen begrenzten, überschaubaren Raum gelang es Ihnen, die Strukturen einer zeitgeschichtlichen Epoche zu verdeutlichen.*

Sie haben in diesem Roman – ähnlich übrigens wie Günter Grass in der Blechtrommel – *das Kleinbürgertum als idealen Nährboden für totalitäre Ideologien dargestellt. In der Figur des Dorfpolizisten Jepsen haben Sie die Prozesse angedeutet, die einen ganz normalen, rechtschaffenen und unbescholtenen Bürger in ein letztlich willfähriges Werkzeug der Macht verwandeln, ihn mithin entmenschlichen. Sehen Sie hier eine Linie der Kontinuität, die vielleicht sogar bis in unsere Zeit reicht?*

Ich glaube schon. Allerdings möchte ich festhalten, daß die Anfälligkeit für totalitäre Systeme nicht nur beim Kleinbürgertum gegeben ist, sondern auch bei Intellektuellen, die eine probate Geschlossenheit im System – das zeigt die Geschichte – als etwas Wünschenswertes ansehen. Antworten für alles zu haben, nicht mehr schwanken zu müssen, frei zu sein von der Verantwortung gegenüber dem Zweifel: das ist schon ein Angebot, dem viele Intellektuelle erlegen sind.

In der Tat habe ich mir die Frage gestellt, wie es möglich sein konnte, daß Menschen ohne Zögern und ohne Zweifel einen Befehl ausführten, ohne die Konsequenzen zu bedenken. Diese Psychologie der Befehlskette muß zurückzuführen sein auf eine Art Einengung des Denkens. Ganz bestimmt haben irgendwelche prekären nationalpädagogischen Einflüsse hier ihre Wirkung, daß man bereit ist, einem gegebenen Befehl bedingungslos zu gehorchen. Wir kennen alle diese Psychologie der Befehlskette; oben braucht man sich nur zu räuspern, dann ist der Vollstreckungseifer unten groß genug, um total den Direktiven von oben zu entsprechen. Das hat mich bei diesem Roman interessiert.

Natürlich war das auch wieder der Versuch bei mir, schreibend etwas zu verstehen. Dabei muß man sich an den Einzelnen halten, an eine einzelne Figur; ich habe den Polizeiposten Jepsen genommen, an dem ich dies Prinzip zeigen wollte.

Ich kann selbstverständlich nur auf indirekte Weise appellieren an jedermann, der glaubt, einem Befehl so bedingungslos entsprechen zu müssen: zögert, schwankt, wendet und prüft den Befehl! Ich weiß, daß alle Armeen der Welt auf dem Prinzip des Gehorsams aufgebaut sind; dennoch gibt es so etwas wie ein privates Grundgesetz eines Einzelnen. Das sollte vielleicht auch ein Maßstab sein bei der Bewertung von Befehlen, die man nicht einsehen kann und bei denen sich etwas in uns sträubt, sie auszuführen.

Ich habe – auch im Zusammenhang mit Debatten um meine Erzählung *Ein Kriegsende* – mit einigen hohen Offizieren der Führungsakademie der Bundeswehr gesprochen, und ich habe mit großer Aufmerksamkeit und mit Respekt erfahren, daß sich in dieser Hinsicht einiges geändert hat. Der blinde Vollstreckungseifer, der einst zu so furchtbaren Resultaten geführt hat, ist nicht mehr das, was heute vom Soldaten gefordert wird; er hat durchaus die Möglichkeit, beispielsweise in einem Augenblick, wo er mit seiner eigenen Empfindsamkeit für die Einhaltung der Menschenrechte in Konflikt gerät, einen Befehl zurückzuweisen. Freilich wird er das begründen müssen, aber immerhin, er hat die Möglichkeit, das zu tun.

Siegfried Lenz, in Ihrem 1970 erschienenen Essayband Beziehungen *haben Sie bemerkenswerte Hinweise zur Rolle des Schriftstellers in der Gesellschaft vorgetragen. Ich möchte einen Auszug zitieren: »Ein Schriftsteller ist ein Mensch, den niemand zwingt, das zu sein, was er ist; zum Schriftsteller wird man weder bestellt noch berufen wie etwa ein Richter. Er entschließt sich vielmehr freiwillig dazu, mit Hilfe des schärfsten und gefährlichsten, des wirksamsten und geheimnisvollsten Werkzeugs, mit Hilfe der Sprache, die Welt zu entblößen, und zwar so, daß niemand sich in ihr unschuldig nennen kann. Der Schriftsteller handelt, indem er etwas aufdeckt: eine gemeinsame Not, gemeinsame Leidenschaften, Hoffnungen, Freuden, eine Bedrohung, die alle betrifft [...]. Mein Anspruch an den Schriftsteller besteht nicht darin, daß er, verschont von der Welt, mit einer Schere schöne Dinge aus Silberpapier schneidet; vielmehr hoffe ich, daß er mit dem Mittel der Sprache den Augenblicken unserer Verzweiflung und den Augenblicken eines schwierigen Glücks Widerhall verschafft. In unserer Welt wird auch der Künstler zum Mitwisser – zum Mitwisser von Rechtlosigkeit, von Hunger, von Verfolgung und riskanten Träumen –, und darum fällt es mir schwer, einzusehen, warum ausgerechnet er den ›Luxus der Unschuld‹ für sich fordern sollte. Es scheint mir, daß seine Arbeit ihn erst dann rechtfertigt, wenn er seine Mitwisserschaft zu erkennen gibt, wenn er das Schweigen nicht übergeht, zu dem andere verurteilt sind.«*

Was heißt diese auch an Sie selbst gerichtete Forderung heute? Was heißt es etwa im Hinblick auf die Verletzung der Menschenrechte hier und anderswo? Was bedeutet diese Forderung im Hinblick auf die gesellschaftliche Situation in der Bundesrepublik Deutschland?

Wenn man sich entschließt zu schreiben, findet man sich der Welt gegenüber. Man hat viele Angebote, man hat eine Reihe von Möglichkeiten, das, was einen umgibt, was sich in der Nähe abspielt, als Herausforderung anzunehmen und darauf zu antworten. Hier muß ich wieder auf meine Generationserfahrung zurückkommen: Selbstverständlich kann man die Möglichkeit wählen, die Welt so zu sehen, daß sie bewohnbar erscheint, als eine Welt der Ausgewogenheit; aber meine Erfahrung nötigt mich

Siegfried Lenz und Marcel Reich-Ranicki

einfach, auf das einzugehen, was mir selbst nicht erspart blieb und was, wie ich weiß, vielen anderen nicht erspart geblieben ist. Darum fühle ich mich manchmal in einer Situation, als ob das, worüber ich schreibe, auf mich gewartet hätte, als ob es zu einem Stelldichein mit meinen Problemen kommen mußte; es ergibt sich eine gewisse Zwangsläufigkeit bei der Wahl der Motive und der Probleme. Das ist leicht ablesbar, wenn man bei den *Habichten* beginnt, bis zu meiner letzten Erzählung *Ein Kriegsende*; es sind fast immer extreme Situationen, in die ich den Menschen bringe, Situationen, in denen er gezwungen ist zu handeln, weil er einem unaushaltbaren politischen, physischen, psychologischen oder moralischen Druck ausgesetzt ist und Farbe bekennen muß. Ich halte diesen Augenblick der extremen Situation für einen Moment der Prüfung, in dem jemand alles über sich eingestehen muß. Von Manès Sperber habe ich die Unfähigkeit zur Gleichgültigkeit gelernt; und ich finde, das sollte ein Schriftsteller wissen, daß man gewisse Dinge nicht übergehen sollte. Auch meine Erwartung an andere Schriftsteller geht dahin, daß man in einer Welt, die so ist, wie sie ist, sich selbst nötigen sollte, gewisse Dinge zur Kenntnis zu nehmen, und daß man mit seinen Möglichkeiten protestieren sollte: redend, schreibend, in jedem Fall intervenierend.

Ich weiß, es sind dürftige Möglichkeiten; aber es hat sich hier und da gezeigt, daß unser gebündelter Protest Wirkung hat. Außerdem halte ich es für angemessen, wenn man sich in diesem manchmal privilegierten Zustand des Schriftstellers gelegentlich zur Selbstrechtfertigung genötigt fühlt. Es scheint mir wichtig zu sein, daß in einer Welt, in der so vieles gerechtfertigt werden muß, auch der Schriftsteller seine Position rechtfertigt und auch seine Intervention auf vielen Feldern.

Ihr Freund und Kollege Heinrich Böll hat vor kurzem der Regierung Kohl vorgeworfen, nichts unternommen zu haben, um die riesige Kluft zwischen ihr und den deutschen Intellektuellen wenigstens teilweise zu überwinden. Teilen Sie diese Einschätzung, und könnten Sie Ihre Wahrnehmung der derzeitigen Situation auch beispielhaft belegen?

Ich teile diese Wahrnehmung und möchte sie damit begründen, daß z. B. der derzeitige Regierungs-Chef es ablehnt, ganz bestimmte Periodika zu lesen, überhaupt zur Kenntnis zu nehmen, was über ihn, seinen Regierungs-Stil, überhaupt seine ganze

Art zu lesen ist. Damit zieht er sich auf eine Position der permanenten Selbstbestätigung zurück, die einem Regierungs-Chef nicht entsprechen sollte. Das geht sogar so weit, daß er es für nicht angezeigt hält, sich mit Redakteuren von Zeitschriften, die seiner Regierung kritisch gegenüberstehen, zusammenzusetzen. Ich halte das für einen Stil der Überheblichkeit und Selbstgefälligkeit; auf diese Weise wird das Gespräch nicht zustandekommen, das für uns alle wünschenswert wäre.

Sie haben, wie auch Günter Grass und andere prominente Autoren, in den 60er und 70er Jahren die SPD und vor allem Willy Brandt aktiv unterstützt, und Sie waren auch ein geschätzter Gesprächspartner und Ratgeber Helmut Schmidts. Wie beurteilen Sie heute die Lage der SPD, und welche Einschätzung haben Sie zu den deutschen Parteien überhaupt?

Ich bin ein überzeugter Anhänger politischer Parteien und auch ein rigoroser Verteidiger der Notwendigkeit politischer Parteien. Wir müssen politische Parteien haben. Sie sind für die demokratische Willensbildung eines Volkes unentbehrlich.

Die Parteien, die wir derzeit haben, repräsentieren, so meine ich, die politischen Bedürfnisse der westdeutschen Bevölkerung. Selbstverständlich ändert sich das Gewicht der Parteien und auch ihre Qualität. Wir sollten uns auch keine Genies an der Spitze der Parteien wünschen. Ich bin sehr überzeugt von der mühsamen, geduldigen Arbeit, die in den Ausschüssen geleistet wird; und wenn hier und da Verfehlungen aufgedeckt werden, die eine Parteienverdrossenheit aufkommen lassen, dann spricht das noch nicht gegen die Notwendigkeit politischer Parteien.

Wenn eine Gesellschaft sich selbst eine Verfassung gibt wie die, die wir haben, dann müssen wir auch einiges in Kauf nehmen, auf keinen Fall aber sofort nach strahlenden Saubermännern rufen. Jedenfalls sollte alles öffentlich werden, selbstverständlich muß demokratische Politik sich den Wunsch nach öffentlicher Rechtfertigung gefallen lassen; eine Sache, unter der viele demokratische Politiker seufzen, denn sie brauchen für die öffentliche Rechtfertigung ihrer Politik manchmal mehr Zeit als für den Prozeß, etwas politisch durchzusetzen. Und dennoch dürfen wir als Bürger den Politikern nicht erlassen, ihre politische Initiative zu begründen und die Resultate der Politik uns gegenüber zu rechtfertigen.

Wir brauchen die Parteien. Wir haben alle sehr unterschiedliche Hoffnungen, die mit unseren Wahrnehmungen und unseren Lebensumständen zusammenhängen und die wir nur von ganz bestimmten Politikern glauben eingelöst zu bekommen.

Die SPD tut sich schwer in der Opposition. Helmut Schmidt hat meiner Ansicht nach zu Recht festgestellt, daß etwa die derzeitige Arbeitslosigkeit auch mit der wirtschaftlichen Weltsituation zusammenhängt. Die SPD tut sich schwer, wenn sie den Finger in der Opposition – aber dazu ist sie gehalten, das weiß ich – bei Fragen, die internationalen Rang haben, immer nur auf die Regierung richtet, ohne ihren Blick nach draußen zu wenden.

Ich halte Hans-Jochen Vogel wie Oskar Lafontaine für sehr verläßliche, für gute Politiker; nur fürchte ich, daß ein großer Teil der jungen Leute der Sozialdemokratischen Partei nur ungern folgt, weil die Grünen ihnen mehr Aufgehobenheit bieten. Es findet sich bei der Sozialdemokratie noch eine Art altväterliches Schwanken innerhalb einer Partei, die sich einerseits als staatstragend und staatserhaltend versteht, und die andererseits ihre Zuflucht nehmen muß zu allen ökologischen Bedrängnissen und vielleicht mit den Grünen paktieren muß angesichts der Tode, die in unserer nächsten Umgebung gestorben werden.

Was ich den Sozialdemokraten persönlich vorwerfe, ist der unglaubliche Langmut im Umgang mit ökologischen Problemen, ist der Arbeitsplatzfetischismus, dem sie immer noch anhängen und dem sie bereit sind, manches zu opfern. Möglicherweise wird es in absehbarer Zeit nötig sein, zu politischen Bündnissen zu kommen, von denen wir uns im Augenblick noch gar nicht träumen lassen; einfach deshalb, weil wir Zeugen werden einer katastrophalen Veränderung unserer Umwelt, wir vielleicht sogar die Unbewohnbarkeit einiger Teile der Bundesrepublik Deutschland noch erleben werden. Möglicherweise werden wir, weil ja keine spektakulären Tode gestorben werden, sondern schleichende Tode zu erwarten sind, durch das Radio erfahren, in welcher Stadt welches Gemüse gerade weniger gesundheitsgefährdend ist, so daß wir es beziehen können: Möhren in Hannover, Sellerie in Itzehoe. Das ist zu erwarten! Und hier kann ich mir – dieser Vorwurf trifft allerdings alle Parteien – den Langmut des Procedere überhaupt nicht erklären.

Wenn Sie die deutschen Kanzler der letzten zwei Jahrzehnte mit einigen knappen Worten charakterisieren sollten – es ist klar, daß dabei auch Verkürzungen und Provokationen nicht auszuschließen sind –, wie würden Sie Kiesinger, Brandt, Schmidt und Kohl kennzeichnen?

Kiesinger: ein glänzender Debattenredner. Als Kanzler – vom *Spiegel* »Silberzunge« genannt – vielleicht ein bißchen zu höflich, zu sorgsam, zu bedachtsam, der Serenissimus; jedenfalls nicht aus dem harten Holz geschnitzt, aus dem ein Kanzler hierzulande offenbar geschnitzt sein muß.

Brandt hat eine Politik initiiert, die nur er hat initiieren können. Wir kennen seine große Empfindlichkeit, die er sogar im Bundestag zur Schau gestellt hat, als er in gewissen Augenblicken, wo die Debatte eine Härte annahm, die ihm nicht mehr tragbar erschien, einfach hinausging. Aber er besaß ein Charisma, das die von ihm initiierte Politik überhaupt erst möglich gemacht hat. So wie Adenauer die Aussöhnung mit dem Westen erreicht hat, so ist es Brandt gelungen, eine Aussöhnung mit dem Osten zu erreichen.

Allerdings, eine gewisse Überempfindlichkeit, ein Schweben über den Problemen, war ihm zum Schluß doch anzumerken. Ich erinnere mich, daß Günter Grass ihn bei Gelegenheit »hinter der Wolke« sah und bereit gewesen wäre, als ihm freundlich zugetaner Wolkenschieber ihn ein bißchen in den Alltag herunterzuholen.

Was Helmut Schmidt angeht: Er steht mir sehr nahe, auch als Kanzler. Ich habe ihn in krisenhaften Situationen erlebt. Über seine Qualitäten als Debattenredner brauchen wir uns nicht zu unterhalten. Er hatte und hat außergewöhnliche Kompetenzen auf dem Gebiet der Ökonomie, auf dem Gebiet der Finanzen ebenfalls; wohlversehen mit der Härte, aus der ein Kanzler geschnitzt sein muß, hat er für mich – das gebe ich offen zu – fast den Musterfall eines deutschen Bundeskanzlers dargestellt. Ich weiß, daß er Entscheidungen getroffen hat von außergewöhnlicher Härte, auch im personellen Bereich; er selbst weiß, wie hart die Abschiede in der Politik sind und was man gilt, wenn man ein Amt verloren hat. Er hat sich immer dazu bekannt, aber er hat sich, fast mit einem preußischen Pflichtbegriff, oft gegen große innere Widerstände durchgerungen, Abschied zu nehmen auch von Freunden, die ihn enttäuscht hatten, wenn es um die Sache ging.

Helmut Schmidt hat, im Unterschied zu Kohl, nie versäumt, seine schärfsten Kritiker an den Tisch zu bitten und sich ihre Argumente anzuhören. Welche Schlüsse er daraus zog, ist eine andere Sache; aber er hat es nie versäumt, auch die andere Seite zu hören. Und wenn man dem gegenwärtigen Bundeskanzler etwas zuraten dürfte, dann wäre es dies: sich nicht in diesem Stil der Selbstgefälligkeit zu trösten mit eigenen Errungenschaften, sondern zur Kenntnis zu nehmen, was an Kritik, an Einspruch und an Erwartung ihm gegenüber geäußert wird.

Zurück zur Literatur. Gegenüber der Wochenzeitung Die Zeit *haben Sie einmal festgestellt: »Literatur kommt ohne den Zweifel nicht aus, und ganz gewiß nicht ohne Selbstzweifel. Sobald sie problemlos wird, müssen wir davor bangen, eine neue Klassik zu erleben. Um wirken zu können, ist sie auf Widerspruch angewiesen, auf Gegenfragen, vor allem aber auf souveräne Leser, die sowohl die Freiheit der Verweigerung besitzen als auch die Freiheit der Zustimmung.«*

Inwiefern wird der Widerspruch für Sie und Ihre literarische Arbeit produktiv? Ich meine hier insbesondere den Widerspruch der nicht-professionellen Leser.

Kurz gesagt, wenn man ein negatives Echo erhält, Gegenwind bekommt, wenn die eigenen Meinungen, die man in einem Buch mehr oder weniger diskret anbietet, aufs schärfste bedacht werden, dann könnte man natürlich sagen: recht so, jetzt hast du genau die provoziert, die du provozieren wolltest. Aber das wäre zu einfach.

Ich dachte insgeheim an Heinrich Mann, der einmal die Prosa als das schönste demokratische Angebot an den anderen bezeichnet hat, bei dem man die Freiheit besitzt, zuzustimmen oder zurückzuweisen. Ich gehe davon aus, daß in jedem Überzeugungsversuch eine ganz kleine Gewaltmaßnahme steckt; natürlich versucht jeder Autor, einen potentiellen Leser zu bekehren, zu bekehren zu einer bestimmten Perspektive, einer bestimmten Wahrnehmung. Daß man bei dieser »Usurpation auf Taubenfüßen« auf Widerspruch stößt, ist etwas Selbstverständliches und sollte einem Schriftsteller nur anzeigen, daß man in der Lage ist, Wirkung hervorzurufen. Ich habe mich lange gefragt, was das ist, literarische Wirkung: Kann man etwas im wünschenswerten Sinn mobilisieren? Kann man so etwas von der Literatur erwarten? Ich habe festgestellt, daß man das nicht kann. Gleichwohl gibt es eine Langzeitwirkung der Literatur, und darauf können wir vertrauen.

Welchen Einfluß auf Sie hat die professionelle Literaturkritik, die jedes neu erscheinende Werk des Autors Lenz mit gutmeinen-

den und böswilligen Kommentaren, mit kritischer Sympathie oder mit einer mitunter fahrlässigen Gedankenlosigkeit versieht?

Wenn man sich als Schriftsteller zu Markte stellt, dann ist es unausbleiblich, daß man seine Quittungen erhält. Das heißt, daß man von verschiedenen Kritikern unterschiedlich rezensiert wird. Wenn ich meine Erfahrungen zusammennehme – Lessing hat einmal gesagt: wir haben hierzulande Schauspieler, aber keine Schauspielkunst –; variiert gesagt: wir haben hierzulande zwar Kritiker, aber keine Kritik. Die Kritiker sind nach meiner Auffassung Kollegen, die in Übereinstimmung mit ihren Erfahrungen und ihren ästhetischen Überzeugungen über andere Kollegen schreiben. Es ist unausbleiblich, daß sie zu Urteilen kommen müssen, die anders sind als der betroffene Autor es erwartet. Ich habe alle möglichen Kritiken bekommen und habe festgestellt, daß es am Ende doch so etwas wie einen Ausgleich gibt, einen Ausgleich, der durch das Echo der Leser erfolgt und nicht zuletzt auch durch die Resonanz aus dem Ausland.

Siegfried Lenz, ein Teil Ihres umfangreichen literarischen Werkes ist verfilmt worden; darunter – schon in den 60er Jahren – Das Feuerschiff *und* Der Mann im Strom. *Berühmt wurde die Verfilmung Ihres Romans* Deutschstunde *unter der Regie von Peter Beauvais, bei der Wolfgang Büttner und Arno Assmann die Hauptrollen spielten. Aber auch in jüngster Zeit wurden Arbeiten von Ihnen verfilmt, wie etwa der Roman* Der Verlust *oder die eigens fürs Fernsehen geschriebene Erzählung* Ein Kriegsende.
Sehen Sie in Literaturverfilmungen die Möglichkeit, sich an ein erweitertes bzw. ein anderes Publikum zu wenden, und was erwarten Sie davon?

In dem Augenblick, wo ein Stoff verfilmt wird, entsteht schon etwas anderes aus ihm. Der Leser eines Buches hat die Möglichkeit, selbst zu inszenieren; er muß die Figuren, die ich als Autor ihm anbiete, lebensfähig machen, indem er sie in einer Landschaft verfolgt, indem er sie sogar in ihrer Konfliktsituation begleitet. Lesen heißt, wie Sartre sagte, noch einmal schaffen. Man ist sogar verurteilt, das, was der Autor anbietet, zu reproduzieren.

In dem Augenblick, in dem ich einen Film sehe, ist das anders: dann stehe ich vor einer vollendeten Tatsache. Dennoch erinnert eine Literaturverfilmung immer daran, daß es eine literarische Vorlage gibt, und dieser Verweis reicht nach meiner Erfahrung aus, daß Leser auf die Vorlage zurückkommen. Sie möchten sich noch einmal vergewissern, sie möchten feststellen, wie es im Original aussieht. Als das Deutsche Fernsehen die *Buddenbrooks* ausstrahlte, wurden etwa 100.000 Exemplare des Buches verkauft: ein wünschenswertes Resultat, eine Begünstigung, zu der ich nur Ja sagen kann. Wenn das eine auf das andere derart verweist, daß ein Interesse entsteht, halte ich das für hochwillkommen.

In diesem Zusammenhang habe ich eine interessante Feststellung gemacht. Man wird als Autor, gleich wie das filmische Resultat aussieht, fast in keinem Fall für den Film verantwortlich gemacht. Mit anderen Worten: hier herrscht eine fast selbstverständliche Anerkennung der Arbeit des Regisseurs vor. Er hat die Verantwortung für das filmische Resultat, nicht der Autor.

Vorbehalte gegen Literaturverfilmungen gibt es genügend. Sie basieren insbesondere darauf, daß es äußerst schwierig und häufig unmöglich ist, die diffizile literarische Sprache in die Sprache des visuellen Mediums zu übersetzen; dabei kommt es oft zu Verengungen, wo doch gerade die Kraft der Phantasie beim Leser gefordert ist. Die schon erwähnte Verfilmung der Erzählung Ein Kriegsende, *von der ARD am 5. Dezember 1984 zur besten Sendezeit ausgestrahlt, ist in der Fernsehgeschichte nahezu ohne Vorbild. Es war dies der Versuch, Literatur sozusagen unbeschädigt, d. h. ohne Umschreibungen und dramatische Korsettstangen durch das Fernsehen zu vermitteln, bzw. das Fernsehen ohne Preisgabe seiner Bildkraft zum Nutzen der Literatur zu verwenden. Textliche Veränderungen zu Ihrem Buch kamen praktisch nicht vor, Text und Bild standen ebenbürtig nebeneinander: ein »fernsehliterarisches Kleinkunstwerk«, wie ein Kritiker es ausdrückte.*

Worin sehen Sie die Gründe für diese gelungene Form der filmischen Umsetzung literarischer Texte, und was sind Ihrer Meinung nach die Ursachen für die zahlreichen mißlungenen Übertragungen literarischer Werke in das Medium Film oder Fernsehen?

Der Film *Ein Kriegsende* ist mehr oder weniger das Ergebnis eines Mangels bzw. meiner Unfähigkeit, ein Drehbuch zu schreiben. Dieter Meichsner, der Chef der Fernsehspielabteilung des Norddeutschen Rundfunks, hatte mich eingeladen, zum Mai 1945 ein Drehbuch zu schreiben. Ich sagte, ich könnte ihm bestenfalls eine Erzählung über ein Kriegsende schreiben. Er las es und stellte fest, daß es sich auch ohne Drehbuch machen ließ. In Volker Vogeler fand er einen Regisseur, der sofort erkannte, daß man einer Gefahr entgehen muß, nämlich einen Text nur zu illustrieren. Deshalb entschied er sich für ein Prinzip, bei dem der Zuschauer immer noch das Recht erhielt, seine eigene Phantasie zu mobilisieren oder aber etwas dazuzutun, damit Text und Bild eine gewisse Offenheit behielten. So entschied er sich für ein Prinzip der »gegenläufigen Bebilderung«. Damit meine ich folgendes: während man sehr oft einen Text hört, bei dem stichwortartig ein Bild erscheint, zog er sich auf ein ganz bestimmtes Darstellungsprinzip zurück. Man sieht einen Mann auf der Brücke des Minensuchers, den Kommandanten, es wird aber erzählt von einer verschwörerischen Situation unter Deck, die man sich hinzudenken muß zu der Ruhe, der Angespanntheit, die der Kommandant auf der Wache zeigt. Oder man sieht den Verteidiger der Marinesoldaten durch einen Raum gehen, und beschrieben wird ein Raum, der dem gezeigten zwar ähnlich ist, aber sich doch von ihm unterscheidet, so daß der Zuschauer wieder gezwungen ist, seine Phantasie zu mobilisieren und zwei ähnliche Dinge in Beziehung zu setzen.

Vielleicht war es die Offenheit auf beiden Seiten, die Offenheit des Textes und die Offenheit des Bildes, die in diesem Falle dazu führte, daß der Film *Ein Kriegsende* – obwohl es auch berechtigte Kritik gab – weithin akzeptiert worden ist.

Es gibt immer mehr Kulturpessimisten, die unter Hinweis auf die sich massiv verändernden Bildschirmgewohnheiten in der Bundesrepublik Deutschland und in anderen vergleichbaren Ländern vor der Flucht ins Fernsehen und in den Videobereich überhaupt warnen; sie sehen in dieser Entwicklung auch eine Abkehr von der unmittelbaren Auseinandersetzung mit Literatur, warnen mithin gar vor der »bücherlosen Gesellschaft«.

Wie schätzen Sie diese Entwicklung ein? Wie kann sich Literatur angesichts solcher Phänomene behaupten?

In jedem Fall werden die Verleger gezwungen sein, ihre Programmpolitik zu korrigieren. Das Lotteriespiel beim Publizieren wird aufhören müssen. Das Vertrauen darauf, daß unter den 16, 20 oder 45 Titeln, die man im Frühjahr oder Herbst bringt, schon ein Titel sein wird, der die Produktion trägt, wird vorbei sein.

Das heißt aber nicht, daß die Literatur damit automatisch der Konkurrenz der elektronischen Medien gewachsen wäre. Der Verleger Siegfried Unseld hat nicht umsonst kürzlich darauf hingewiesen, daß in seinem Verlag und auch in anderen Verlagen die Beschäftigung mit Publikationen im elektronischen Medienbereich schon gang und gäbe ist. Ob allerdings die derzeitigen Produktionsverhältnisse ausreichen, um dem Buch Konkurrenz machen zu können, das wage ich zu bezweifeln. Aber es ist nicht ausgeschlossen, daß wir eines Tages dahin kommen – denn der Literatur ist das Überleben in die Ewigkeit keineswegs garantiert –, gedruckte Literatur als eine elitäre Sache ansehen, als ein Angebot, das Muße voraussetzt und das bewußt darauf verzichtet, sich dem Geschwind-Mechanismus der Informationsvermittlung und Unterrichtung auszusetzen.

Das Gespräch wurde am 28. Februar 1985 in Hamburg geführt. Aus Gründen der Authentizität sind Wortlaut und Satzbau unverändert übernommen worden.

III

Theo Elm
Siegfried Lenz
Zeitgeschichte als moralisches Lehrstück

»Man kann – und dies gilt für die meisten meiner Generationsgenossen – seiner Geschichte nicht entfliehen, man kann seiner biographischen Erfahrung nicht entfliehen, man kann all dem nicht echappieren, was man erlebt hat; insofern sehe ich bei einigen Kollegen und bei mir immer wieder den Versuch, darauf zurückzukommen, was man erfahren hat, triftig genug erfahren hat, und das noch einmal in Beziehung zu bringen zur Gegenwart. Insofern fühle ich mich in der deutschen Geschichte und in der deutschen Gegenwart zu Hause.«[1]

Mit diesen und ähnlichen Äußerungen[2] hat sich Siegfried Lenz wiederholt zur historischen Begründung seines seit Beginn der fünfziger Jahre stetig wachsenden Werkes bekannt, und in der Tat intendieren auch jüngere Romane wie *Deutschstunde* (1968), *Das Vorbild* (1973) und *Heimatmuseum* (1978) Einblicke in die Geschichte – in das Dritte Reich, die Nachkriegszeit, die Bewußtseinsreform der Bundesrepublik am Ende der sechziger Jahre und deren Folgen. Allerdings: So eindringlich die zitierte Erklärung ist, so unbestimmt pendelt sie zwischen den Subjektiven »man« und »ich«, so vage bezieht sie sich auf eine Geschichte, die erst aus dem Kontext des Gesprächs als die des Dritten Reiches zu ermitteln wäre. Indes scheint die hier angedeutete Neigung des Autors zu Sentenz und Generalisierung kein Zufall zu sein. Insistieren doch die jüngeren Deutungen des Lenzschen Werks unter dem Einfluß der historisch orientierten Fragestellung gegenwärtiger Literaturbetrachtung immer wieder auf dem jenseits aller zeitgeschichtlichen Intentionen unübersehbaren Defizit an biographischer Konkretion und historischer Analyse[3], ohne freilich über die Textinterpretation hinaus das Phänomen auf werktranszendierende Begründungen abzuleiten. Die folgenden Überlegungen wollen daher das aktuelle Forschungspostulat an exemplarischen Realisationen verschiedener Gattungen (Kurzgeschichte, Theaterstück, Roman) sowie an vier Lenzens Verhältnis zum Dritten Reich entwickelnden Werkstufen erneut aufnehmen und entsprechend den die Werkphasen jeweils charakterisierenden Aspekten auf biographische, ›weltanschauliche‹ und literaturtheoretische Wurzeln zurückverfolgen. Zu erörtern wäre einerseits die antizipierte These, daß der Autor trotz zunehmend historischer Orientierung historische Aufklärung verwehrt; zu erwägen wäre andererseits aber auch die historische Bedingtheit der durch das jeweilige Geschichtsverhältnis markierten Entwicklungsstufen Lenzscher Ästhetik. Einen Hinweis hierzu dürfte die – im engen Rahmen dieses Beitrags notwendig kursorische – Darstellung der Lenz-Rezeption als meist widerspruchslose Reaktion auf die im Werk jeweils angelegte Lesersteuerung bieten. Treffen unsere Hypothesen zu, dann wäre Lenz' Werk selbst historisch relevant, wäre in einem doppelten Sinn historisch aussagekräftiger Reflex seines zeitgenössischen Publikums: als Signal historischer Neutralisierungstendenzen in der Öffentlichkeit und deren Neigung zu distanzlöschender Affirmation im Verstehen des historisch Vorgegebenen. Was hier zunächst grobe Abbreviatur ist und nun selbst die historische Bewußtseinsentwicklung bei Lenz und seinem Publikum verallgemeinert, überdies den problematischen Zusammenhang mit Lenz' geschichtskritischer *Intention* unterschlägt, soll durch die folgenden Analysen im einzelnen begründet und entwickelt werden.

I

In den frühen, von Lenz unmittelbar nach dem Krieg verfaßten und erst 1958 unter dem Titel *Jäger des Spotts. Geschichten aus dieser Zeit* veröffentlichten Stories dominiert anstelle des unmittelbar vorher lebensgeschichtlich Erfahrenen, der Erfahrung des Dritten Reichs, das zeitlose »Thema vom ›Helden‹, der sich gegen einen unvermeidlichen Niedergang auflehnt und unterliegt. In anderen Arbeiten kehren die Motive von Flucht und Verfolgung, von Gleichgültigkeit, Empörung und verfehlter Lebensgründung wieder.«[4] So beziehen Lenz' eigene Angaben seine Texte zurück auf ihren Aktionskern, der anscheinend als ihr ›Eigentliches‹ biographisch legitimierte Sinnaussage und historisch fundierten Beleg verdrängt. Seien es Atoq, der glücklose Jäger, dem die erkämpfte Beute von Bären gefressen wird, oder die Niederlage des Läufers, der – schon den Sieg vor Augen – wegen Regelverstoßes disqualifiziert wird, seien es der Mann, dem seine Frau vor dem Marsch übers Watt die Uhr verstellt, so daß er in der Flut ertrinkt, oder der Farmer in Kenia, den die Mau-Mau gefangenhalten, während sie seinen Hof verbrennen: Stets repräsentieren die Geschichten elementar-archaische Daseinsproblematik, sind spannende Schicksalshandlung oft in exotischer Ferne. Und was ihre die Aufmerksamkeit des Lesers provozierenden Pointen[5] erzielen, ist ein Appell zu allgemeiner Humanität, kaum jedoch historische Bewußtwerdung, Erinnerung an das Dritte Reich, Aufklärung über die gesellschaftliche Situation der Erzählgegenwart. Noch der spezifisch Lenzsche Stil, die Tendenz zu parataktischen Reihungen, deren einziges Bindeglied wie bei Hemingway das weitgehend neutrale ›und‹ ist, das ohne Anspruch auf Kausalität die disparatesten Erscheinungen summiert, und die Vorliebe für Oxymora[6], den Zerfall des Ausdrucks in antithetisch versetzte Bilder, sind adäquate Reflexe der von der geschichtlichen Situation des Autors isolierten Texthandlung, Spiegel auch der Handlung, insofern sie weitgehend auf übergeordnete Wirklichkeitszusammenhänge verzichtet. Lenz selbst begründet – offenbar in Anlehnung an Sartre – den besonders im Frühwerk eklatanten Ausfall historischer Konkreta und konkreter Bezüglichkeit mit rezeptionsästhetischen Erwägungen: Der fiktionale Text bestehe aus einer Sammlung von Leerstellen, didaktischen Reflexionsappellen, welche die Sinngebung zur Aufgabe des Lesers machten.[7]

Weshalb dieser aber dabei so wenig seiner vergangenen oder gegenwärtigen Situation bewußt wird, liegt letztlich an der in den geschichtslosen Texten selbst implizierten Geschichtserfahrung des Autors als eine der Wurzeln für die Aspekte der Vereinzelung, der Zeitlosigkeit und Archaik gerade der ersten Werke *Es waren Habichte in der Luft* (1951), *Duell mit dem Schatten* (1953), *Der Mann im Strom* (1957) und *Jäger des Spotts* (1958). Denn auch das Erlebnis des Dritten Reichs, die kindliche, dann jugendliche, das künftige ›Weltbild‹ bestimmende Begegnung des 1926 Geborenen mit der Diktatur, ist eingebettet in die Vorstellung individuellen Abenteuers,in romantisches Jäger- und Indianerspiel: »Die ganze Welt stand offenbar im Zeichen des Pimpfs, der erfunden war, um seine Indianerspiele einem Mann namens Hitler zu weihen. [...] ich durfte mit Tausenden von Pimpfen Spalier stehen, als es Leute namens Hitler oder Koch oder Goebbels in die Hauptstadt und Perle Masurens verschlug. [...] Die Männer in den schnell fahrenden Autos grinsten nur zufrieden: In uns schmeichelten sie sich selbst.«[8]

Lenz' aus kindlicher Perspektive nachgezeichnete, aber ironisch gebrochene Erinnerung liest sich wie eine seiner Erzählungen: Das Verhältnis zwischen den Verführern, den typisierten Potentaten des nationalsozialistischen Regimes, und dem Verführten, dem ahnungslosen Jungen, ist so rigoros reduziert auf die schlichte Hierarchie von Macht und Ohnmacht im Kontext des Abenteuers wie nur je in seinen ersten Stories. Ebenso elementar und statisch, ohne Kenntnis übergeordneter Zusammenhänge, erfährt der junge Lenz den besonders für sein Frühwerk entscheidenden Aspekt des Dritten Reichs, die Ideologie des Sieges. Auch sie präsentiert sich imaginativ, im Bild ahistorischer Illusionierung: »Ich war dreizehn Jahre, als der Krieg begann [...]: da empfahlen sich die Bezwinger der Maginotlinie und die unbedenklichen Dreinschläger von Narvik; Kapitänleutnant Prien lockte uns nach Scapa Flow [...]. Man hatte uns beigebracht, im Sieg der Mannschaft den individuellen Sieg zu erblicken.«[9]

Individualisierung der Kriegssituation, der Sieg als das Resultat allein physischer Leistung, Heldentum unter der Aura spektakulärer Erlebnisse: Noch im nachhinein werden im Zusammenhang des Zitats nicht die propagandistisch geförderten, die gloriosen subjektiven Träume entwertet – Themen der ersten Erzählungen –, sondern der verwerfliche Zweck, der sie mißbraucht. Nicht weniger apolitisch und ahistorisch, allein individualisierend und personenbezogen verstanden, verstanden als Fall mythischer Größen – ein drittes charakteristisches Moment seines Frühwerks –, erlebt der Siebzehnjährige das chaotische Ende des Krieges und des Dritten Reichs: »Ich frage mich: welche Rolle spielte Hitler selbst dabei, und ich wußte es nicht, ich erfuhr nur die Auswirkungen seiner unbeweglichen, unvergleichlichen Rachsucht [...]. Sie, die uns mit Geraune und Gewalt, mit Drohung und Schmeichelei in den Krieg geführt hatten, waren auf einmal fort, sie waren untergetaucht.«[10]

Die in Lenz' Erinnerung durch die Perspektive seiner Jugend angedeutete Begründung für das Fehlen historischer Information stellt die Identität seiner Erfahrungsweise mit den obengenannten Merkmalen der nach dem Krieg verfaßten Werke nur um so deutlicher heraus. Obgleich nun vom Krieg selbst und von der Nazi-Diktatur in irrational-ahistorischer Opposition keine Rede mehr ist, bleibt dem Autor im Gegensatz zur breiten Nachkriegsliteratur der Zwang zum Perspektivenwechsel, zu vorerst gesellschaftsferner Individualität, zum elementaren Dasein in vermeintlich ideologiefreiem Raum (»Kahlschlag«) erspart, hat er doch genau in diesem Sinne das Dritte Reich erlebt. Und so wird denn, ideologisch unbelastet, die Macht-Ohnmacht-Dialektik, das Heldenideal und der Siegesfetisch über das Dritte Reich hinaus bewahrt. Freilich ist es unter dem Eindruck des verlorenen Krieges nicht mehr der Sieg des überdimensionalen Helden, und der Held ist nicht mehr der strahlende Sieger, sondern es ist der Unterlegene und Gescheiterte, dessen stoisch ertragene Niederlage in Wahrheit Ruhm und Sieg bedeutet: In der Konzeption des zeitenthobenen und weit dem gesellschaftlichen Alltag entrückten Geschehens erhalten sich mit spiegelbildlicher Verkehrung die Signaturen, unter denen der junge Lenz das Dritte Reich erfuhr. In dieser Wirklichkeitsauffassung glaubte er sich von Hemingway, seinem frühen Lehrmeister, bestätigt.[11] Dennoch zeigt sich – etwa am Beispiel der Geschichte *Das Wrack*, nach Lenz selbst Pendant für Hemingways Story *After the Storm*, – zugleich eine charakteristische Differenz zum amerikanischen Vorbild. In ihr wird das im Krieg subjektiv Erlebte bewahrt und in ganz andere literarhistorische und geistesgeschichtliche Zusammenhänge gerückt – die Ersatz sind für den Bezug zur unmittelbaren Vergangenheit.

Wieder begegnen wir in dieser Lenz-Erzählung dem Hemingway-Typus des resignierten ›alten Mannes‹ und des unerfahrenen Jungen, der Nick Adams gleicht. Da ist ein gesunkenes Schiff und der Traum von der Beute, der noch einmal die Hoffnungen des Fischers belebt. Und als der Alte, mit äußerster Anstrengung zum Wrack getaucht, in ihm nichts als verweste Pferde entdeckt, spiegelt sein Gesicht die wortlose Enttäuschung und das stumme Eingeständnis der Niederlage. Freilich, als Geschlagener, der gleichwohl der Niederlage widersteht, als moralischer Sieger erinnert er an Hemingways berühmtes Motto: »Der Mensch darf nicht aufgeben. Man kann vernichtet werden, aber man darf nicht aufgeben«, und doch wird die ganz ähnliche Erfahrung des Hemingway-Helden in *After the Storm* entschieden anders erzählt. Im Gegensatz zu Lenz, dessen Geschichte »den Untergang aufzuwerten« versucht[12], wird die aus der Ich-Perspektive, d. h. unter Ausschluß eines Absolutheitsanspruchs erzählende Figur von vornherein nicht als idealtypischer Bilderbuchfischer dargestellt, sondern als Raufbold, der nach einer Messerstecherei mit seinem Boot flüchtet. A priori ergibt sich damit eine geringere ›Fallhöhe‹ als bei Lenzens apsychologisch hochstilisiertem Typ. Überdies bleibt ihm, nachdem auch er an einem Schiffswrack, das er nicht erreicht, gescheitert ist, der Glanz stoisch ertragener Niederlage verwehrt: Statt mit dem Lenzschen, dem mythisch erhöhten Bild des einsamen Helden unter der sengenden Sonne, endet Hemingways Geschichte im Räsonnement des Unterlegenen, der es nicht verwinden kann, daß den im Schiff vermuteten Schatz andere heben. In einem zusätzlichen Schritt der Entidealisierung trägt dieses mit derbem Umgangston, elliptischen Sätzen, dissonanten Wortwiederholungen und verschluckten Silben vorgebrachte Lamento die Ursache für den Untergang des Dampfers nach: Das zuerst als Wunder und Fata Morgana geschilderte Schiff tief unten im klaren Wasser wird zurückbezogen aufs rational Faßbare und trivial Alltägliche. Lenz dagegen erwähnte kaum den Untergang des Bootes, schildert jedoch immer wieder das Geheimnisvolle und Unerklärliche, die irrationale Anziehungskraft des Wracks, dessen Idealisierung der des Fischers nicht nachsteht: »Er sah hinab in die düstere, grünlich schimmernde Einsamkeit, er sah das Ewigtreibende im lautlosen Strom des Wassers [...], und der Mann fühlte, wie eine eigentümliche Unruhe ihn ergriff, der Wunsch, an das Wrack zu gelangen, das kaum zwanzig Meter unter ihm lag und groß war, schwarz und unbekannt.«[13]

Die Tiefe erscheint mystisch entgrenzt, der Fischer verfällt dem lockenden Schlund, der ihm nur Unglück bringt. So geht bei Lenz das Hemingway-Motiv in aufschlußreiche Wertung über, nähert sich mit Anklängen an Schillers Taucher- und Goethes Fischerballade einer ins Zeitlose und Allgemeine verweisenden Symbolik, welche das aus dem Erlebnis des Dritten Reichs übernommene und jetzt dialektisch verkehrte Helden- und Siegesthema unkritisch und wohl unbewußt dorthin zurückführt, wo eine der Wurzeln für das Entstehen der nationalsozialistischen Diktatur liegt, zum deutschen Idealismus.[14] Der irrationale, über das Gefühl vermittelte Drang zum »Ewigtreibenden«, zu letzten Elementen, in denen zeichenhaft, urphänomenal die innerste Wesensstruktur der konkret-vordergründigen Vorgänge aufleuchtet, repräsentiert jenseits der Lenzschen Desillusionsabsicht eine absolute und nach der Erfahrung des radikalen Zusammenbruchs aller Werte gewiß obsolete Ordnungsidee, die jedoch in Einklang stehen dürfte mit jener oben dokumentierten Neigung zu apodiktischer Sentenz, ahistorischer Generalisierung und den Indizien abgeschlossener Statik, zu allgemeiner Humanität und der ›Wahrheit‹, die in extremer Situation den Menschen definiert.[15] Während der Hemingway aus der Zeit Anfang der dreißiger Jahre mit seiner Sammlung *Winner Take Nothing* (1933) die nihilistisch-anarchistische Haltung der nach dem Weltkriegserlebnis am amerikanischen Lebensoptimismus zerbrochenen ›Lost Generation‹ vermittelt, den ruinösen Wertzerfall, das »Nada« der Faulkner, Fitzgerald, Wolfe, bleibt Lenz' Abkehr von der Geschichte an tradierte Wertmaßstäbe gebunden, an die ins Zeitlose gemünzten entideologisierten Existenzideale des Dritten Reichs, die mit dem aus dem Idealismus übernommenen, ebenso Allgemeingültig-Absolutes intendierenden Symbolbegriff koinzidieren, der Offenbarung des unerforschlich Allgemeinen, in dem die innersten Antinomien des Daseins und die zeitgeschichtlichen Spannungen aufgehoben sind. Dieser Befund, der in den folgenden, durch erhöhte Reflektiertheit ausgezeichneten Werkstufen auf eine einerseits ›weltanschauliche‹, andererseits literaturtheoretische Begründung rückbezogen ist, bestätigt sich mit Blick auf die Rezensionen zu *Jäger des Spotts. Geschichten aus dieser Zeit* als Ausdruck eines für die fünfziger Jahre offenbar adäquaten Geschichtsverlusts. Jedenfalls orientiert sich – mit nur einer Ausnahme[16] – die positive Wertung der uns vorliegenden sieben selbst wiederum ahistorisch urteilenden, d. h. unter Auslassung der Differenz von Leser und Text diesen auf absolute Sinnaussagen fixierenden Kritiken an eben jenen Kriterien überzeitlicher Gültigkeit, die wir auch bei Lenz beobachten (»Das Alltägliche erfährt eine Wandlung und Verwandlung in der Richtung zum Symbolhaften und Zeitlosen. Diese eigenartige Kunst ist heute nur wenigen Erzählern gegeben.«[17]). Erst als vor dem Hintergrund der Anfang der sechziger Jahre heftig diskutierten Nazi-Tribunale in Jerusalem (Eichmann-Prozeß 1960) und Frankfurt (Auschwitz-Prozeß 1962/64) und dem von ihnen initiierten historischen Dokumentartheater (Weiss, Hochhuth, Kipphardt) Lenz' Diskussionsstück *Zeit der Schuldlosen* (1961) aufgeführt wurde, schien sowohl für die Öffentlichkeit als auch für Lenz die Nachkriegsperiode antitotalitärer Entideologisierung durch Enthistorisierung abgeschlossen. Ob diese Vermutung freilich von Lenz restlos eingelöst wird, sei angesichts des gleichzeitig reflexiv abstrahierten Themas der ersten Werke, des nun auf begrifflicher Ebene weitergetriebenen Problems elementarer Existenzbewältigung, in Frage gestellt.

II

In *Zeit der Schuldlosen* – Beispiel der zweiten Entwicklungsstufe in Lenz' Werk – äußert sich, dem Autor zufolge, ebenso wie in der kurz vorher veröffentlichten Erzählung *Das Feuerschiff* (1960) und dem bald darauf erschienenen Roman *Stadtgespräch* (1963) zum erstenmal der Versuch, »die Hypotheken der Vergangenheit anzuerkennen, überhaupt einen Gaumen für die Bedeutung von Vergangenheit zu zeigen«.[18] Bedingung dieser Bewußtseinswende war, wie Lenz gesteht, freilich nicht die konkrete Geschichte, sondern ein neues individualpsychologisches Interesse für »die Vorspiele und Nachspiele zu den Sekunden der Prüfung [...]. Ich bestand darauf, verstehen zu lernen, was eine Tat begünstigt oder nachträglich widerlegt.«[19] Dennoch scheint es in seinem Stück, das an die Stelle der dramatischen Tathandlung nun das Gespräch, die Reflexion um so deutlicher setzt, als das Geschehen anstatt in exotisch-archaischer Landschaft in der – freilich nicht weniger geschichtsfernen – Ortlosigkeit von Zelle und Salon spielt, um einen im Dritten Reich hochbrisanten und in den soeben genannten Prozessen stets umstrittenen, mit dem Begriff ›Befehlsnotstand‹ juristisch umschriebenen Konflikt zu gehen: Denn die neun vom *Gouverneur* in einer Gefängniszelle eingesperrten Biedermänner sollen erst dann wieder frei sein, wenn sie ihren Mitgefangenen, einen Regimegegner, zum Verrat an seinen Komplizen veranlassen oder ihn töten. Nach langen Diskussionen wird er am Morgen erwürgt aufgefunden. Im zweiten Teil des Stücks sind nach einem Putsch der Opposition die Männer erneut gefangen – und aufgefordert, untereinander den Schuldigen, den Mörder, zu finden.

Die im Gespräch, im abgeschlossenen Raum gestellten Entscheidungszwänge, die Frage nach Kollektivverpflichtung und Einzelinteresse, erinnern an Sartres Résistance-Stücke, insbesondere an *Mort sans sépulture*. Während aber Sartres Realismen und deren affirmierender Sensationscharakter (Folterszenen) seinem »Engagement« – verwurzelt im konkreten Erlebnis der deutschen Besatzung – konterkarieren[20], entgeht Lenz diesem Dilemma, da umgekehrt der Konflikt *seines* Stücks, obgleich aus den aktuellen Naziprozessen und der Geschichte des Dritten Reichs rekonstruierbar, nicht in der Geschichte, sondern unvermittelt in der bei Sartre durch sie erst erprobten und gerechtfertigten Idee von der autonomen Entscheidung des einzelnen als Unterpfand jeglicher Existenzaussage gründet[21] – was letztlich den abstrakten Reflexionscharakter des Stücks überhaupt legitimiert: Im zweiten Teil, dort wo das Geschehen in den didaktischen Sinnverweis mündet, bezieht sich die Frage nach dem Schuldigen am Tod des Revolutionärs noch auf den Mord im Gefängnis und assoziiert darüber hinaus die politische Schuld der Deutschen an der Existenz des nationalsozialistischen Regimes – »*Student*: Wir begingen ein geistiges Verbrechen, aber nur einer von uns vollzog es. So seltsam es klingt: gewisse Verbrechen müssen durch eine Stimmung begünstigt werden. Wir sorgten für diese Stimmung. Darum sind wir mitschuldig« (*Zeit der Schuldlosen*, S. 69). Doch geht die Schuldfrage, sobald sie der *Konsul* mit der Autorität und sentenzenartigen Funktion eines Chores aufgreift, in übergeordnet-existentieller Apodixe auf: »Reine Schuldlosigkeit ist ein Vorzug der Toten. Wer es für nötig hält, leben zu bleiben, hat keine andere Wahl als schuldig zu werden« (73).

Indem vor allem der Konsul in deutlichen, den Fortgang des Gesprächs rhythmisch gliedernden Konklusionen stets die aktuellen Interessen der Eingeschlossenen (und der Zuschauer) auf eine ihnen entgegensteuernde ›Wahrheit‹ bezieht, ist jede Äußerung letztlich zur Statik verurteilt, zu einem letztgültigen Sinn, von dem nur immer wieder die ›vordergründigen‹ Argumente der übrigen Figuren wegführen. In dieser ständigen Bewegung vom Besonderen zum Allgemeinen korrespondiert die Struktur mit der thematischen Intention des Texts, der Verschiebung von der zur Entstehungszeit des Stücks öffentlich diskutierten juristischen Schuld der einzelnen im Dritten Reich zur grundsätzlichen Existenzschuld, von der historisch-politischen zur statisch-metaphysischen Schuld. So wird der beim frühen Lenz irrational vermittelten Flucht vor der Geschichte, vor dem Dritten Reich, eine Begründung nachgeliefert, die – wie auch in dem gleichfalls um das Thema der unausweichlichen Schuld kreisenden Roman *Stadtgespräch*[22] – freilich wiederum nicht auf der Konkretion historischer oder biographischer Ereignisse, sondern auf ontologischer Abstraktion beruht. Heißt es im Stück: »Wer zu handeln versäumt, ist noch keineswegs frei von Schuld. Niemand erhält seine Reinheit durch Teilnahmslosigkeit. Schuld [...] gilt für jeden« (63), so lesen wir ganz ähnlich bei Karl Jaspers und der Erörterung der aus dem Dritten Reich entstandenen politischen Schuld: »Es gibt eine Solidarität zwischen Menschen als Menschen, welche einen jeden mitverantwortlich macht für alles Unrecht und alle Ungerechtigkeit in der Welt.«[23] Und so, wie nach Jaspers fern der Veräußerlichung und Entfremdung in Welt und Gesellschaft der Mensch, »auf sich selbst zurückgeworfen«, seine »Existenz« als eine Möglichkeit des Daseins durch die in »Grenzsituationen« erfahrene »Schuld« »erhellt«[24], genau so, in diesem Sinne, endet auch das Stück, nachdem der *Konsul* durch Selbstmord die Schuld am Tod des Revolutionärs auf sich genommen hat, mit der an die Mitspieler (und das Publikum) gerichteten ›Lehre‹ des *Studenten*: »Er, der dort liegt, hat Ihnen dazu verholfen, frei zu sein von

Schuld. – Gehen Sie, nur zu, gehen Sie: Die Tat ist gebüßt, aber die Schuld wird unter uns bleiben [...]« (89).

Was historisch faßbar wäre, die von Lenz selbst in der Zeit der KZ-Prozesse ironisch erörterte Schuld der einzelnen als Reflex nationaler Verfehlung – »und so können wir heute immer wieder beobachten [...]: ehemalige Vollstrecker [...] berufen sich auf Gesetze, berufen sich auf Notstände und auf außergewöhnliche Situationen, und man versteht sie«[25] – , divergiert bereits im Ansatz, in der Genese des Werks zum Indiz einer unter moralischer Prämisse wahrgenommenen Krise des Seins. ›Schuld‹ wird nicht als historische, sondern als ontologische Bestimmung begriffen, unter der der Mensch schlechthin determiniert ist: »Ich dachte mir eine Lage aus, in der strahlende Schuldlosigkeit, die durch schweigende Billigung und Wegsehen erkauft war, auf eine Härteprobe gestellt und widerlegt wird.«[26] Es gilt, »die Welt zu entblößen, und zwar so, daß niemand sich in ihr unschuldig nennen kann.«[27]

Bedenkenswert ist nicht das Ahistorisch-Existentialistische dieses Ansatzes – das ist ja selbst eine historisch begründbare Reaktion auf das Dritte Reich und dessen Verfall –, sondern die Tatsache, daß Lenz' abstrakte Überlegung und deren dramatische Ausführung diesen geschichtlich relevanten Konnex unterschlagen. So nähert sich sein Stück im Widerspruch zu dem anläßlich einer Preisverleihung für *Zeit der Schuldlosen* geäußerten Engagement-Bekenntnis des Autors[28] letztlich jener idealistischen Kunst, die im Sinne Hegels »alle feste Beschränkung auf einen bestimmten Kreis des Inhalts und der Auffassung von sich streift und zu ihrem neuen Heiligen den Humanus macht.«[29] »Schreiben«, so bekundet Lenz 1962, »ist für mich die beste Möglichkeit, um Personen, Handlungen und Konflikte verstehen zu lernen.«[30] Auch die selbsterfahrene Geschichte? »Von Geschichten, die man erlebt, ist nicht allzuviel zu halten.«[31]

Das Resümee auch dieser durch analytische Existenzbestimmung charakterisierten Werkstufe führt nicht zu historischem Ereignis, zum Dritten Reich als dessen gleichwohl mittelbarem Anstoß, sondern zu einer existentiellen ›Lehre‹, die als ›Idee‹ das Werk bereits genetisch konstituiert. Die materiale Welt jedoch bleibt selbst dort, wo sie im *Feuerschiff* und in *Stadtgespräch* das abstrakte Gedankenkonstrukt drastisch verschleiert, sekundäre Erscheinung. Lenz: »Bei mir ist zuerst der Konflikt in seiner ganzen Abstraktion da, und dann erfinde ich die Situation, das ist mein Handikap. Bei mir schlägt immer sofort die Absicht durch, mein Zeigefinger steht; ich kann nichts ertränken in sinnlicher Fülle.«[32]

Das gleiche meint die traditionelle, die aufklärerisch-idealistische Parabolik, der das Stück gattungstheoretisch zuzuweisen wäre; denn auch sie geht – nach Lessing – von »einem allgemeinen moralischen Satz«, einer abstrakten rational bestimmten Wahrheit aus und führt sie zurück auf den »besonderen Fall«, wo sie »anschauend« zu erkennen ist[33]: Während den historisch begründeten Verlust solch übergeschichtlicher Wahrheit und deren selbstverständlicher Erkenntnis eben jene Philosophie – und die ihr zugeordnete ›existentialistische‹ Literatur: Rilkes *Malte*, Sartres *La Nausée*, Kafka, Camus – dokumentiert, der Lenz jedenfalls in seiner Tendenz zu elementar-existentiellen Entscheidungen verpflichtet ist, bleibt für den Autor der idealistische Wahrheitsbegriff intakt. Nach der Ideologisierung im Dritten Reich verschworen gegen jeden ideologisch prädizierten Wahrheitsanspruch, plädiert Lenz nicht für die Relativierung der Wahrheit nach Maßgabe des historischen Augenblicks, sondern – in Übereinstimmung mit seinem Werk – für eine der Geschichte und ihren Ideologien vermeintlich enthobene Wahrheit: »Die Wahrheit [...] überzeugt und betrifft uns, indem sie uns einer Erfahrung innewerden läßt, die über die bloße Tatsache weit hinausgeht. Wenn die faktische Wahrheit zur Nachprüfung einlädt, so läßt die Wahrheit des Kunstwerks es damit bewenden, daß man ihrer inne wird: wir sagen ›so ist es‹ und erkennen uns nicht nur in unseren überlieferten, sondern auch in unseren potentiellen Möglichkeiten.«[34]

Mit geglücktem Aperçu hat Lenz in einem autobiographischen Bericht die sinnlose Zerstörung und das unfaßbare Elend der letzten Kriegstage erfaßt: »Da mieteten sich Kafka und Ionesco in meinem Krieg ein.«[35] Wo aber für Kafka als Ausdruck von Erkenntnissehnsucht und Erkenntniszweifel die Wahrheit unerreichbares Ziel, das »Geheimnis, das Dunkel« bleibt[36], erlebt sie in Lenz' Werk, veranlaßt von aufklärerisch-idealistischer Didaktik, eine unerwartete Renaissance. So führt die Ästhetik des Autors auch Anfang der sechziger Jahre, in dialektischer Reaktion auf die öffentliche Diskussion über das Dritte Reich, jenseits existentialistischer Daseinsphilosophie erneut auf eine literarisch und geistesgeschichtlich traditionelle Position zurück. Erst das spätere Werk ab Ende der sechziger Jahre verdeutlicht die innere Notwendigkeit dieser für Lenz charakteristischen Rückorientierung, welche unter Einschluß der Apperzeption moderner Literaturtheorie des 20. Jahrhunderts in der Tat differenzierter ist, wohl auch differenzierter wird, als die bisherigen Beobachtungen vermuten lassen.

Die Resonanz in der zeitgenössischen Kritik erweist, daß Lenz' ästhetische Traditionsorientierung und ontologische Existenzvorstellung kein nur subjektives und willkürliches Ergebnis sein können, repräsentieren sie doch selbst historischen Aussagewert für das Verhältnis eines sicher nicht unerheblichen Teils des deutschen Lesepublikums[37] zur nationalsozialistischen Vergangenheit und überhaupt zur Geschichte. Denn das, was unsere Analyse zu *Zeit der Schuldlosen* ermittelt, wird von den meisten der vorliegenden zwölf weit überwiegend positiven Besprechungen ungewollt bestätigt. Während nur zwei Kritiken den potentiellen Geschichtsbezug des Stücks eher zufällig, impressionistisch-assoziativ registrieren (Lenz »nahm her, was in der zeitgenössischen Welt von Hitler bis zu Fidel Castro aktuell wurde. Wir erkennen den Mitläufer wieder, den Fragebogen, die Gespräche über Kollektivschuld«[38]), versperrt sich der Großteil der Rezensionen, Lenz paraphrasierend, die geschichtliche Perspektive durch kommentarlose Übernahme unverbindlich moralischer Wertung (»Niemand in dieser Zeit, so wird uns bedeutet, darf sich schuldlos nennen«[39]). Lediglich zwei tendenziell negative Besprechungen reflektieren den Lenzschen Rückzug von historisch-prägnanter und politisch-gesellschaftlicher Verfehlung zu allgemein-metaphysischer Schuld, kritisieren die von den Zeitumständen abstrahierte, unverbindlich idealistische Konzeption des Textes.[40] Die unter den zitierten Prämissen weitgehend positive, ja teilweise enthusiastische Resonanz des Lenzschen Theaterstücks in der breiten Öffentlichkeit, nicht zuletzt die Prestigeinszenierung bei Gustaf Gründgens im Hamburger Deutschen Schauspielhaus 1961, steht im Widerspruch zur berechtigten Vermutung, mit der gleichzeitigen spektakulären juristischen Aufarbeitung der nationalsozialistischen Vergangenheit sei der Schritt von der Geschichtsverleugnung nach dem Krieg zu ernsthafter historischer Bewußtseinsbildung in der Bundesrepublik bereits vollzogen. Zeichnet sich diese erst im Zusammenhang mit der seit der zweiten Hälfte der sechziger Jahre zunehmenden politischen Emanzipation der Öffentlichkeit ab? Ein Indiz wäre Lenz' sich allmählich in Wählerinitiativen artikulierendes konkret-politisches Engagement, zumal bei der öffentlichen Diskussion um die Anerkennung der Oder-Neiße-Grenze als notwendiger Kriegsfolge[41], insbesondere jedoch seine späte, aber mit dem Bestsellerroman *Deutschstunde*[42] wohl meistgelesene belletristische Literarisierung des Dritten Reichs.

III

Deutschstunde (1968), neben dem 1973 erschienenen Roman *Das Vorbild*, Exponent der dritten, um historische Konkretion und politische Aktualisierung bemühten Werkphase, könnte Paradigma für das hermeneutische Diktum sein, demzufolge allein die zeitliche Differenz historisches Verständnis ermöglicht. Denn der Blick des Erzählers Siggi Jepsen aus der bundesrepublikanischen ›Gegenwart‹ zurück in seine nordfriesische Kindheit, in das Dritte Reich, dessen Defizienz wie in Grass' *Blechtrommel* oder Bölls *Ansichten eines Clowns* aus ideologisch unverstellter Kinderperspektive enthüllt wird – enthüllt und zurückbezogen auf die Gegenwart, in der nun verschleiert ähnliche Mängel erkennbar werden –, konstituiert zum erstenmal bei Lenz eine historisch-hermeneutische Struktur, in der nicht nur Zeitgeschichte als solche überhaupt erst faßbar werden kann, sondern auch die Bewußtseinsform des Erzählens die Zeit zu ihrem Gegenstand macht. Die so dem historischen Zusammenhang verpflichtete Konzeption wird durch eine Thematik bestätigt, die zwar erneut ein moralisches Problem aufgreift, welches aber nun im Gegensatz zu früher (etwa *Zeit der Schuldlosen*) als spezifisch deutsches Syndrom zugleich über das Dritte Reich zurück- als auch vorausweist. Die »Freuden der Pflicht« nämlich, Thema der dem Erzähler in einer Jugendbesserungsanstalt auferlegten Strafarbeit, führen diesen anstatt zur erwarteten Bestätigung staatspolitischen Wohlverhaltens und gesellschaftlichen Konformismus' zur kritischen Erinnerung an seinen Vater Jens Ole Jepsen, den »Polizeiposten Rugbüll«, der seine Pflicht, die Überwachung des dem Nachbar Nansen auferlegten Malverbots, so sehr aus Neigung und so gründlich erfüllt, daß darüber seine Familie zerbricht, seine berufliche Existenz und die Zukunft seines Sohnes Siggi; dessen pathologischer Zwang, Schlüssel und Schlösser zu stehlen, um damit die Bilder seines Malerfreundes vor dem Zugriff des Vaters zu retten, läßt ihn nach dem Krieg in jener Besserungsanstalt enden, die ihm zum Ausgangspunkt seines Rechenschaftsberichts über Vergangenheit und Gegenwart wird. Auch über die Gegenwart: denn das Unverständnis der Psychologen, die sich Siggis kriminelle Obsession nicht zu erklären vermögen, die Reaktion des Direktors Himpel auf Siggis Kritik am pflichtbesessenen Vater: »Aber dein Vater tat doch nur seine Pflicht« (*Deutschstunde*, S. 539) und das auf gedankenlosen Gehorsam zielende Reglement der Anstalt bescheinigen auch der deutschen Nachkriegsgesellschaft ein recht unkritisches Verhältnis zur Pflicht. Gemeint ist jener Begriff der Pflicht, der ausgehend von lutheranischer Staatshörigkeit, idealistischer Moralphilosophie und friderizianisch-preußischem Verhaltenskodex[43], so sehr zu nur formalem Ethos führte, daß es sich ohne weiteres den Erfordernissen selbst totalitärer Politik anbequemen läßt – wie etwa Hans Franks Neuformulierung des »kategorischen Imperativs im Dritten Reich« erweist: »Handle so, daß der Führer, wenn er von deinem Handeln Kenntnis hätte, dieses Handeln billigen würde.«[44]

Obgleich also die Konzeption des Romans historischer Aufklärung dient, verliert sich gerade diese Funktion in der erzählerischen Gestaltung des Geschehens: Die in der Theorie moderner erkenntniskritischer Literatur enthaltene Hermeneutikthese von der Multivalenz fiktionaler Aussagen (Musil: »Mancher wird fragen: Welchen Standpunkt nimmt denn nun der Autor ein und welches ist sein Ergebnis? Ich kann mich nicht ausweisen. Ich nehme das Ding weder allseitig – was unmöglich ist im Roman – noch einseitig; sondern von verschiedenen zusammengehörigen Seiten.«[45]) wird auch von Lenz vertreten: In seinem Aufsatz zur Entstehung von *Zeit der Schuldlosen* stellt er programmatisch fest, »daß jede Begebenheit sich auf verschiedene Weise erzählen oder darstellen läßt«.[46] Und an anderer Stelle heißt es: Die »Geschichte sollte zumindest zwei Erzähler haben, ich denke dabei an doppelte Buchführung, an doppelte Wahrheit«[47], eine Auffassung, die sich endlich in der Kunsttheorie Max Ludwig Nansens spiegelt: »Sehen: das ist doch nicht: zu den Akten nehmen. Man muß doch bereit sein zum Widerruf. Du gehst weg und kommst zurück, und etwas hat sich verwandelt« (*Deutschstunde*, S. 401). Die der Moderne analoge, durch ideologische Desillusionierung nach dem Krieg existentiell legitimierte Erkenntnisskepsis[48] veranlaßt Lenz, mit dem in *Stadtgespräch* noch theoretisch geforderten Versuch mehrperspektivischen Erzählens Ernst zu machen. Er überträgt die Erzählfunktion nicht nur Siggi, sondern auch dem Psychologiestudenten Mackenroth, der mit Hilfe begrifflich-analytischer und kausal-erklärender Überlegungen Siggis pathologisches Verhalten aus dessen Vergangenheit heraus zu entwickeln versucht. Solchem Bezugsdenken mit Objektivitätsanspruch widersetzt sich dieser jedoch und trägt damit stellvertretend für Lenz den Konflikt zwischen erkenntniskritischer, hermeneutisch bewußter, der Subjektivität des jeweiligen Erzählers anheimgestellter Wahrheitsfindung und traditionell-mimetischer, der Kausalität vertrauender Darstellung in den Roman. Mackenroths Entwurf ironisierend, entscheidet dabei Siggi das Problem zugunsten seiner eigenen, den Roman bestimmenden, von eindeutigen Bezügen und Urteilen abstrahierten Erzählweise. Da diese also nicht der Mackenrothschen Logik, analytischer Folgerichtigkeit, verpflichtet ist, diese vielmehr diskreditiert (326), gerät die in der Romankonzeption versprochene Funktion der historischen Aufklärung in Gefahr. In der Tat löst Siggi den konkreten Sachverhalt, den Mißbrauch der Pflicht, aus seinen historisch-sozialen Zusammenhängen, die ihn erst verständlich machen würden: Der Erinnerungsprozeß des Erzählers ist im Gegensatz zur Darstellung des verdrängten Kommentators Mackenroth nicht durch den von der kritischen Intention gleichwohl insinuierten Gegenwart-Vergangenheit-Bezug charakterisiert, sondern durch die sich jedem übergeordneten Erklärungsanspruch sperrende Auffassung, ›Wirklichkeit‹ könne nicht als kausaler Zusammenhang objektiviert, sondern nur subjektiv, aus der begrenzten Perspektive des Erzählers produziert werden: »Ich muß meinem Kurs folgen, der auch ein Zwangskurs ist, und der führt nach Rugbüll, an die Pier der Erinnerung [...]. Wie beharrlich sich alles anbietet und aufdrängt [...]. Wie reglos jetzt alles zur Verfügung ist, das Land, das scharfe Licht« (48). – »Weniges liegt so wohlverwahrt im Tresor meiner Erinnerung wie die Begegnung zwischen meinem Vater und Max Ludwig Nansen [...]. Immer wieder setzte ich an, schickte meinen Vater den Deich hinab« (13). – »Hier werfe ich mein Planktonnetz aus über meiner dunklen Ebene, hier sammle ich ein, was sich fängt. Wie immer, wenn ich das Netz öffne, kommt zuerst mein Vater zum Vorschein« (428).

Das ›modern‹ anmutende Poietische der Erinnerung, das willkürlich ›Gemachte‹ der sich dem objektivierenden Zusammenhang widersetzenden Zeitgestaltung löscht nicht nur den Modus der Vergangenheit unter dem Eindruck des unbezogen subjektiv produzierten Geschehens, es löst auch das Pflichtthema aus seinen aufklärenden Bezügen: Was ursprünglich bei Rilke, Döblin, Kafka, Musil sich naivem Erkenntnisoptimismus widersetzte, die Abstraktion des subjektiv Erzählten von allen letztgültigen, kausal erklärenden Bezügen, wird bei Lenz zeitkritischer Intention zugeordnet – und hebt notwendig die politisch und historisch belastete ›Pflicht‹ (wie ehedem die ›Schuld‹) im Sinne einer zeitlosen, einer enthistorisierten Moralvorstellung auf. Denn was bei Siggis auf Zusammenhänge verzichtendem Erzählen übrigbleibt, ist der schlichte ›menschliche‹ Gegensatz zwischen Nansen als dem Repräsentanten jener allein der Kunst, der Natur und der Freundschaft verpflichteten Ideale, wie wir sie aus den klassischen Bildungsromanen kennen, und andererseits Jepsen, dessen Pflichtfanatismus, dessen ›unbedingtes Sollen‹, wenn überhaupt, dann nur affirmativ wie nur je in einer der von idiosynkratischen Käuzen besetzten Storm-, Raabe- oder Kellererzählungen lediglich aus seiner ›Natur‹ heraus erklärt wird: »Der ewige Ausführer. Der tadellose Vollstrecker« (70). Statt zu erzählen, wie es dazu kommen konnte, statt an einem Beispiel die historische Genese der deutschen Pflicht und ihren Mißbrauch im Dritten Reich gleichnishaft zu *entwickeln*, beschränkt sich Lenz, auch hier noch ›Statiker‹ wie in den frühen Erzählungen – deren allein dem Augenblick verpflichtete Struktur solche Abstraktion freilich gestattete –, den rein moralischen Antagonismus der beiden Protagonisten in Form einer sich stufenweise eskalierenden Auseinandersetzung zu präsentieren.

Die aus ideologie- bzw. erkenntniskritischen Gründen auf das zeitkritische Thema des Romans übertragene Abstraktionstendenz der Moderne[49], welche die ›Pflicht‹ aus ihren historischen, politischen und sozialen Zusammenhängen löst und sie zu einer zeitlos-statischen Moralkategorie verändert, als die sie schon verhängnisvoll der deutsche Idealismus durch Kant definierte[50], problematisiert nicht nur den Vordergrund des Romans, das dominante Pflichtthema, sondern auch den situativen Kontext, in dem es dargestellt ist.

Mit kritischem Bedacht hat Lenz die Jepsensche Pflichthörigkeit vor dem Hintergrund kleinbürgerlich-provinzieller Gesellschaft angeprangert; hat doch der »Muff des Kleinbürgertums« (Bloch) und die gerade in ihm geförderte Autoritätshörigkeit der Pflichterfüller das »Gesicht des Dritten Reiches« (Fest) bis hinauf in die Führung geprägt[51]; macht doch allein der Blick aus der provinziellen Spießerperspektive die Diktatur überhaupt noch faßbar, denn: weiter ›oben‹ versagt »die alte Kategorie der Person endgültig, die Begriffe von Schuld und Unschuld klingen wie Anstandsregeln aus der Kinderstube«[52]; repräsentiert doch die

Verbindung von Pflicht, Spießerei und Provinz, dem Windschatten der Zeit, einen historischen, tief in den politischen Verhältnissen des 18. und 19. Jahrhunderts wurzelnden, die Entstehung totalitärer Herrschaft historisch erklärenden Zusammenhang.[53] Vor allem: Mit der Abgeschlossenheit seiner Nordseeprovinz und dem der Öffentlichkeit entrückten Raum der Besserungsanstalt wähnt sich Lenz in enger Nachbarschaft zur modernen Literatur: »Was von Dauer ist, geschieht am begrenzten Ort, Dublin, Jefferson City, Roms vierzehn Bezirke, Güllen, St. Petersburg, Berlin-Alexanderplatz: Weltliteratur ist dem überschaubaren Ort verpflichtet [...] Die Zentren liegen am Rande.«[54]

Am Rande liegen die Zentren auch für Walter Jens[55], der im Rückzug zum begrenzten Raum – am Beispiel der ›Heimatliteratur‹ von Joyce, Döblin, Pavese – geradezu die Bedingung für den Roman des 20. Jahrhunderts sieht, weil das immer unübersehbarer werdende Panorama der Welt auch formal mit Parabel, Essay, Tagebuch, Innerem Monolog und Erlebter Rede zu einer Abstraktion zwingt, die im Widerspruch zu den kausal deutenden historischen und gesellschaftskritischen Romanen des 19. Jahrhunderts (Balzac, Zola) nicht mehr ›Schauplätze‹ beschreibt, sondern nur noch das irritierte Verhältnis des Erzählers gegenüber einer unkenntlich gewordenen Wirklichkeit. Gerade sie aber beabsichtigt Lenz' Roman zu deuten. Wie sehr jedoch die aus der modernen Erzähltheorie übernommene Idee des begrenzten Orts die anderen politisch und historisch relevanten Motive für die Wahl der Provinz als Handlungsort stört, zeigt sich überall dort, wo Lenz jene den Geist des Faschismus enthüllenden Schwächen seiner Spießertypen anzuprangern und auf ihre tieferen historischen oder sozialen Bezüge hin abzutasten versucht: Da überlegt der Erzähler: »Warum scheuen sie sich nur bei uns, ihre Unwissenheit hier und da, auf diesem Feld oder auf jenem, einzugestehen? [...]: Hochmut der Enge« (163). Doch statt die Beweggründe für die Verachtung aller Fremden (153/300) oder für die Vertreibung des Epileptikers Addi aus Jepsens Haus (219) zu ermitteln, verwehrt sich der Erzähler den erklärenden Zugriff – so wie bei Jepsens ›Pflicht‹, die mit dem aus mythischer Ferne (aus »Berlin«) übersandten Malverbot einfach da ist. Siggis Frage bleibt bloße Rhetorik, geht über in die Aufzählung asyndetischer Einzelheiten, die sich seinem Blick in der Wirtsstube vom »Wattblick« (163) so gleich-gültig anbieten wie nur je in einem erkenntniskritischen Werk des Nouveau Roman. – Da versucht Siggi den traumatischen Erlebnissen seiner provinziellen Vergangenheit in neuem Anlauf beizukommen und stellt Fragen, die nur immer wieder die Zeitlosigkeit von Natur und Mensch beschwören (555 f.). – Da belächelt Siggi die »Heimatkunde« seines Großvaters, ironisiert den »Heimatforscher« und »Einsiedlerkrebs« – und leitet über zur Landschaftsbeschreibung (241/286). – Da denunziert Deichgraf Bultjohann den Wirt vom »Wattblick«: Er höre ›Feindsender‹. Die Motivation des Deichgrafen, die Reaktion des Polizisten, Timmsens Schicksal? Nichts davon erfahren wir, die Wirklichkeit verschließt sich der Erkenntnis, wir sehen mit Siggi durchs Fernglas über das weite Land (304).

In solch änigmatischer Verkürzung der in Konzeption und Thema versprochenen Geschichtsaufklärung, für die nun die Idiosynkrasien des Personals und die Dämonie der Landschaft[56] einstehen müssen, bleibt Lenz jenem Archaismus verpflichtet, der schon sein Frühwerk und dessen Rückbindung an das Balladeske romantischer Schicksalshaftigkeit bestimmte. Als Ergebnis der Unverträglichkeit von erzählerischer Abstraktion und historischem Erklärungsanspruch erscheinen deshalb auf den ersten Blick nicht Faulkner oder Hemingway, nicht Joyce oder Döblin, nicht die begrenzten Orte der ›modernen‹ Literatur als die unmittelbaren Bezugspunkte, sondern Klaus Groth (*Quickborn*), Storm[57], Barlach oder Nolde und deren irrationaler Landschaftsmythos, deren niederdeutsche Schicksalsgläubigkeit. So macht es der Roman allen recht, den Liebhabern dramatischer Szenen um Liebe, Tod, Spökenkiekerei und Verfolgung vor dem Hintergrund einer Landschaft, wie sie suggestiver kaum je in der deutschen Literatur gelungen sein dürfte, und den sozial sowie historisch Interessierten, denen nur wieder am Beispiel kleinbürgerlicher Pflicht und deren unmenschlichen Folgen die unmenschliche Kleinbürgerlichkeit des Dritten Reichs bestätigt wird. Diese Ambivalenz gilt auch für die Ästhetik des Romans: Er repräsentiert das Abstraktionsmodell ›modernen‹ Erzählens und gleichzeitig dessen Funktionsänderung im Sinne idealisierender und moralisierender Reduktion der politisch und historisch besetzten Leitthemen.

Die wirkungsästhetische These bestätigen die Rezensionen, von denen nahezu 75 Prozent der uns vorliegenden 32 Texte *Deutschstunde* positiv werten, wobei die Würdigungen entweder die Lenzsche Erzählweise oder die intendierte Zeitkritik betreffen. Kaum je werden die widersprüchlichen Beziehungen zwischen diesen beiden Grundaspekten aufgedeckt. Der Roman erzielt also in der Tat nicht Veränderung, sondern Bestätigung bereits bestehender Vor-Urteile. Dabei spiegelt sich der Romanbruch zwischen den Tendenzen affirmativer Imagination und gesellschaftlich-heteronomen Aspekten in den Reihen der Leser. Jeweils die Hälfte der vorliegenden positiven Kritiken repräsentiert den Konnex atmosphärischer Dichte (Illusionseffekt) und idealisierender Moral, schätzt – mit Böll zu sprechen – die »Ästhetik des Humanen« (»Keine Angst, es ist kein politischer, sondern ein menschlicher Roman [...]; immer wieder gelingen dem Erzähler ganz einmalige Bilder und Stimmungen.«[58]), während der andere Teil fast ausschließlich die historisch relevanten und sozialkritisch interessanten Intentionen des Werks – freilich meist ohne Gegenwartsbezug, also in lediglich historisierender Interpretation – herausstellt (»Parabel vom Fluch des Kadavergehorsams, der soviel Unglück über Deutschland gebracht hat«[59]). Allein von den relativ wenigen negativen Rezensionen (25 Prozent: Das Verdikt ist nicht stets absolut gemeint) indizieren einige den Zusammenhang von Erzählweise und Thema und erkennen damit das eigentlich Unhistorische des Romans (»In der *Deutschstunde* läßt sich [...] auch die Geschichte wie ein Märchen erzählen«[60]). So dokumentiert in summa die Kritik erneut, daß Lenz' Tendenz zur Enthistorisierung der Geschichte kein nur subjektives Charakteristikum des Autors ist, verrät doch auch die infolge der hohen Auflage dieses Werks, aber auch aller früheren Lenz-Ausgaben[61] soziologisch durchaus aussagekräftige Rezeption ein in der Bundesrepublik seinerzeit historisch unkritisches, ein jetzt allenfalls historisierendes Bewußtsein des Lesers gegenüber der Vergangenheit.[62] Es fehlt die Bereitschaft, sich selbst als Rezipient in Bezug zur Geschichte zu setzen – ein Unvermögen, das sich nicht zuletzt in der hermeneutischen Problematik der meisten Lenz-Rezensionen offenbart, deren Verfasser den Roman unter Mißachtung der eigenen subjektiven Vor-Urteile auf vermeintlich objektiv gültige ›Aussagen‹ festlegen (»[...] die scharf profilierten Charaktere dieses Buches, die [...] die konfliktreiche Zwiespältigkeit der menschlichen Existenz enthüllen«[63]), ohne die historische Bedingtheit, die Prozeßhaftigkeit ästhetischer Wertung zu reflektieren.[64] Hier wird Literatur zum Spielball beliebiger subjektiver Apodixe. Der Interpret, bedingungslos in das Werk hineingewachsen, betrachtet sich lediglich als dessen Medium, als Vermittler des ›eigentlich‹ Gemeinten: Historischer Objektivismus, ihm komplementär zugehöriger Impressionismus und der autoritative Wahrheitsanspruch des kritischen Urteils[65] (»Siegfried Lenz hat sein Meisterwerk geschaffen«[66]; »Siegfried Lenz bewegt mühelos großen Stoff«[67]; »Ein großer Roman«[68]), das sich in argumentativer Verkürzung der Nachprüfung entzieht, weisen in Entsprechung zu der von Lenz repräsentierten Literatur zeitlos-humanistischer Gesellschaftskritik (Böll, Andersch, Johnson, Schnurre usw.) als Replik auf den ideologischen Mißbrauch von Literatur und Literaturkritik im Dritten Reich[69] genauso weit zurück wie Lenz' eigene Texte: Auf der Hut vor ideologischen Einseitigkeiten und historischer Befangenheit bieten die meisten Rezensionen den Eindruck unvoreingenommener Objektivität, erweisen jedoch gerade darin ihre unreflektierte Orientierung an der Tradition aufklärerisch-idealistischer Literaturkritik. Deren Ausgangspunkt ist Kants transzendentale Kritik des Geschmacksurteils, nach der das subjektive Prinzip des ästhetischen Geschmacks als ein apriorisches, bei jedem Menschen vorauszusetzendes Prinzip der Urteilskraft die Objektivität und Allgemeingültigkeit der Wertung garantiere. Das Defizit an historischer Reflexion, das dieser Auffassung inhärent ist, ist für die sich in Auseinandersetzung mit Lenz artikulierende Kritik weithin ebenso charakteristisch wie für Lenz' Werk selbst. So, wie dieses sich der Geschichte allenfalls in Form historisierender Objektivation asyndetischer Details nähert, behandelt auch der Rezensent – unter Auslassung semiotischer, rezeptionsästhetischer und hermeneutischer Einsprüche – den fiktionalen Text als eindeutige, diskursive Information (stets werden Nansen mit Nolde, Siggi mit Siegfried Lenz ›übersetzt‹), ohne dessen grundsätzliche[70] und hier als Resultat Lenzschen Erzählens spezielle Ambivalenz zu bedenken.

IV

Zehn Jahre nach *Deutschstunde* veröffentlicht Siegfried Lenz ein neues Magnum opus: *Heimatmuseum* – in mancher Hinsicht eine zweite Deutsch-Lektion. Da ist wieder die von Grass, Böll und anderen bereits um 1960 kreierte Rahmenstruktur mit dem figurierten Erzähler, einem anderen, älteren Siggi Jepsen, der aus seiner Nachkriegsgegenwart in den Erinnerungsfundus nationaler Vergangenheit zurückgreift und im analytischen Rückgriff nicht nur die bundesrepublikanischen Defekte als Nullpunktwidersprüche, als fatale Gestrigkeiten entlarvt, sondern auch, Geschichte erinnernd, die eigene subjektive Gegenwart erhellt: Kierkegaardsche Lebens-Wiederholungen, die die Kontinuität des Daseins herstellen und somit nicht nur *Geschichte* thematisieren, sondern auch deren *Verstehen* als lebendige Existenzerfahrung. Da ist erneut ein kultursoziologisches und speziell deutsches Zentralproblem, die auch in *Deutschstunde* und der Gestalt von Siggis Großvater problematisierte Heimatkunde, Heimatmanie – ein in der aussteigersüchtigen Nach-Achtundsechziger-Gesellschaft ebenso aktuelles und literarisiertes Thema wie seinerzeit der Schuld- und Pflichtbegriff im Schatten spektakulärer Kriegsverbrecherprozesse. Schließlich wiederholt sich auch der irritierende Konflikt von einerseits geschichtskritischer Aufklärungsabsicht, die Ursachenkausalität, logische Stringenz und ›Erzählen am Stück‹ verlangte, und andererseits statischem Detailverweilen bei masurischen Seen, Wäldern und Jahreszeiten, Teppichen, Nationalspeisen, Gebräuchen und Museumsexponaten, bei ebenso farbigen wie bezugslos gereihten Episoden und Anekdoten. Was der Erzähler Zygmunt Rogalla, mit knapper Not seinem selbst in Brand gesteckten Heimatmuseum entronnen, aus der Distanz des Klinikbetts erinnert, gewinnt – ein genuiner Mythos der Moderne – die bereits bekannte Lenzsche Übermacht, drängt den Erzähler zurück und sich selbst in den Vordergrund, bis es Distanz nicht mehr gibt. Nicht objektivierend rekapituliert, sondern in Proustscher Présence wirklich da ist die Kleinstadt Lucknow an masurischen Seen und Flüssen, Zygmunts, ach, verlorene Heimat.

Mit ihm, dem Erzähler, betreten wir die alte Ordensritterburg und das »schönste« Gefängnis Masurens, passieren die Kavallerie-Kaserne und verstecken uns im Sockel des Generaldenkmals am Marktplatz, wir sind beim Eisseglerwettbewerb, beim Erntefest auf der Domäne und durchstreifen den Borek-Wald, kaufen mit der Mutter bei Struppek & Sausmikat einen Matrosenanzug, begleiten durchziehende Truppen und sehen ein abtrudelndes Aufklärungsflugzeug, helfen Vater Rogalla, dem Paracelsus Masurens, bei seinen Experimenten und fürchten uns vor dem tyrannischen Großvater, wir sind Zeuge eines Mordes und bergen einen auf der Flucht erschossenen KZ-Häftling – und immer wieder lassen wir uns von Onkel Adam durch sein Heimatmuseum führen, das später Zygmunt übernimmt, den Schulklassen öffnet, den arischen Heimatfanatikern jedoch verschließt und endlich stückweise über Vertreibung und Flucht hinwegrettet, bis es nach dem Krieg in Schleswig-Holstein einen neuen Platz erhält. Rogallas Masurenmuseum mit Urkunden und Chroniken, vandalischen Dolchen und mittelalterlichen Krügen, mit Jagdwaffen, Trachten und der »Sokolker Büchse«, mit Spangen, Fibeln, Ketten und

Teppichen, die selbst voller Figuren und Szenen sind – dieses überquellende Magazin »rührender Zufälligkeit«, Fixpunkt für des Erzählers Sehnsucht nach heimatlicher Geborgenheit und zugleich Kritikobjekt heimatlicher Beschränktheit (164), ist das poetologische Inbild des Romans, auch er ein kunterbuntes Museum »reiner Zeijen« – Zeugen geschichtlicher Vergangenheit.

Doch bezeugen sie sie wirklich, die deutsche Geschichte unserer ersten Jahrhunderthälfte? Verschwindet die nicht in der unbändigen Fabulier- und ausdauernden Beschreibungsopulenz des Romans, wie schon in *Deutschstunde*? Der Tod Vater Rogallas in der siebenfarbigen Wolke seiner mörsergetroffenen Medizinampullen – so wundervoll erzählgrotesk und doch historisch nichtssagend erscheint der Erste Weltkrieg. Das mag noch Zygmunts Kinderperspektive verantworten, aber nicht anders widerfährt dem älter Gewordenen (und dem Leser) der Beginn des Zweiten Weltkriegs – als federwirbelnde Granate in einem Gänsetransport. Dann kommen die »braunen Jahre«, die »Gespenster-zeit der arroganten Ostlandritter« und »völkischen Seifensieder« unter dem »Mann aus Braunau«. Nein, auch die zweite Deutschstunde laboriert an der allzu bemühten Geschichtsbelehrung im poetischen Bild – wo sie entweder gar nicht oder wie auf Stelzen daherkommt. Eindrucksvoller erscheint der Roman überall dort, wo der Autor den erhobenen Zeigefinger sinken läßt und sein Detailrealismus zu sich gelangt: An den besten Stellen – nicht wenigen – weist der Roman, in zweierlei Hinsicht, hinter die *Deutschstunde* von 1968 zurück.

In den idiomatischen Normverstößen der Erzählsprache, in der es »pucheit«, »pliert«, »sapscht«, »fijuchelt«, »schnürjelt« und manchmal auch »jachert«, in ihrer lenzcharakteristischen Epithetamanie, die noch das beiläufigste Substantiv mit einem manieriert konkretisierenden Adjektiv verwöhnt (»zerfusselte Lippen«, »verläßliche Sümpfe«), im Respekt des Erzählers vor seinen Personen, denen er den vollen Namen gönnt, in der heimatmusealen Gleichsetzung von Hauptsache und Beiwerk, in der Vorliebe für das Schrullige und Absonderliche, für die hexenhafte Sonja Turk, den vierkantigen Großvater Alfons Rogalla, den vergangenheitssüchtigen Onkel Adam – endlich in der Sympathie für alles Kleine und Unterlegene, den schuldlosen Häftling Eugen Lawrenz, den erfolglosen Medizinexperimentator Jan Rogalla, kurz: In der Achtung für das Einzelne und Konkrete, für das besondere Detail statt für die allgemeine Idee, muß im Bild der Heimat der geschichtsphilosophische Fond vergehen. So ist in Lenz' zeitkritischem *Heimatmuseum* konterkarierend auch ein anrührendes Stück eigener Werkvergangenheit aufbewahrt, die Reminiszenz an die Erzählungen in *So zärtlich war Suleyken* (1955) und ihren »masurischen Humor«, der, so bemerkt Lenz in Jean Paulscher Tradition, »wie eine Aufforderung zur Nachsicht mit der Welt, mit den Leuten erscheint.«[71]

Eine andere Legitimation für den Detailrealismus des Romans, seine Konkretion, ist dessen partieller Rückbezug auf die frühen Short stories im Zeichen Hemingways. Gemeint ist die wahrhaft atemlose Lakonie des 13. Kapitels. Es ist die Geschichte vom Flüchtlingstreck der Lucknower über die eisigen Weiten Ostpreußens, vorbei an verlassenen Gehöften, von ostwärts rasselnden Panzern in die Chausseegräben gedrückt, unter dem Beschuß russischer Ferngeschütze, vorbei an bizarr erfrorenen Pferdeleibern und zerbrochenen Leiterwägen, in rastloser Flucht vor der Front – dann, ein kleiner Ostseehafen voller Flüchtlinge und Militär, letzte auslaufende Schiffe und ein Flugzeugangriff, bei dem Zygmunt in der panikgetriebenen Menge von Frau und Kind getrennt wird und sie für immer verliert. – Hier, in diesem Kapitel hat sich Lenz vom Erklärungsdruck seiner Geschichtskritik befreit, und doch prägt Geschichte diese Seiten, eine Geschichte freilich, die nicht politisch oder soziologisch erklärbar, sondern nur existenziell zu erfahren ist – auf Leben und Tod.

Ist also *Heimatmuseum* ein im doppelten Sinn rückwärtsgewandter Roman? Ist es ein zeitgeschichtlicher Roman, der zugleich eine Portion Werkgeschichte rekapituliert?

Der Individualität und Unverwechselbarkeit der Heimat verpflichtet, hat Zygmunt Rogalla, der Erzähler, sein Heimatmuseum vor der Blut-und-Boden-Ideologie der Faschisten gerettet, nun muß er es bei seiner westdeutschen Neugründung, gedacht als tröstliches »Zeugnis unseres Vorhandenseins«, als »überschaubare Dauer« in der Zeit (143), wiederum verteidigen, diesmal gegen die Verbandsfunktionäre der Vertriebenen, denen die musealen Dinge nicht Demonstration geschichtlichen Wandels sind, sondern Beweisstücke für politische Ansprüche. Indem Zygmunt als Antwort sein Museum verbrennt, gewinnt er der Heimat einen Platz in der Erinnerung: »Die gehüteten Befunde sind zerfallen, die Spuren gelöscht. Die Vergangenheit hat zurückbekommen, was ihr gehört und was sie uns nur vorübergehend lieh. Schon aber regt sich das Gedächtnis, schon sucht und sammelt Erinnerung in der unsicheren Stille des Niemandslands.« (655)

Derart, als ›Wesen‹, soll Heimat und in ihr die Vergangenheit gerettet werden – »unbescholten« (120). Zygmunts Tat, als ein Akt schmerzlicher Entsagung mit symbolischen Brandverletzungen bezahlt, ist, so gesehen, der »Versuch, die Zeugen unserer Vergangenheit in Sicherheit zu bringen, in eine endgültige, unwiderrufliche Sicherheit, aus der sie zwar nie wieder zum Vorschein kommen würden, wo sich aber auch niemand mehr ihrer bemächtigen könnte, um sie für sich selbst sprechen zu lassen.« (655)

Lenz' moralischer Anspruch gegenüber der Heimat, die nicht instrumentalisiert und in Besitz genommen werden darf, soll sie als geistige und seelische Kategorie Bestand haben (»in der Sprache, im Gefühl, ja selbst im Schweigen«, 120), verweist auf die Entstehungszeit des Romans, die siebziger Jahre, in denen mit den Ostverträgen der Regierung Brandt, insbesondere mit der Anerkennung der polnischen Westgrenzen – der Masure Lenz war in Warschau dabei – des Autors moralisches Fazit politisches Gewicht erhielt. Es ist diese Abkehr vom materiellen Haben zugunsten der Vergewisserung geistigen, moralischen Seins, für die hier Lenz' Begriff veräußerungsbewahrter Heimat Metapher ist, eine Metapher, in der Existenz, Politik und Erzählform zur Deckung kommen – auch die Erzählform. Denn der Rückblick auf den Roman erweist neben den ›existentiellen‹ Stillagen und Motiven des Humors und der ›Situation‹ (Sartre, Hemingway) folgendes: Zum einen verwirklicht sich hier, wie in *Deutschstunde*, Erzählen genuin ›rhapsodisch‹ im Erinnern – mit Erich Fromm: im »Seinsmodus des Erinnerns«, der im Gegensatz zum »Habenmodus« bloßen Speicherns vergangener Fakten »Gesichter und Landschaften ins Leben zurückruft«, »in voller Lebendigkeit präsent, die Landschaft so gegenwärtig, als habe man sie wirklich vor sich.«[72] Zum anderen schreibt Lenz im Fiktionsrahmen des Gesprächs. Der Erzähler Zygmunt Rogalla ist sich seines Hörers nicht nur bewußt, sondern respektiert ihn auch als Instanz, die durch Fragen und Einwürfe das Erzählen mitbestimmt. Freilich ist die Situation nur als Gestus verständlich, ansonsten befremdlich steril, denn persönliche Konturen hat er nicht, Martin Witt, der Zuhörer am Krankenbett. Der Gesprächsgestus aber nobilitiert Lenz' Erzählen mit dem Seinsprädikat, das Fromm jenem verleiht, der den Mut zum »Gespräch« hat, »den Mut loszulassen und zu antworten, [...] seine Spontaneität nicht durch Pochen auf das, was er hat, abwürgt.«[73] Lenz' dialogischer Erzählgestus modelliert hier nichts anderes als die Autor-Leser-Kommunikation, die Lenz ja seit jeher vorschwebt, als Zwiesprache zwischen beiden, nicht als Haben des Autors und Konsum des Lesers, sondern als produktive Beziehung zwischen dem Detailrealismus, dem Dingepotential des einen und der Imagination des anderen (Anm. 7). Wird Heimat in dieser Weise evoziert, so ruht sie gleichsam außerhalb der Zeit, mit Fromm zu sprechen[74], wurzelt je und je im Hier und Jetzt, ist auch frei von Vergangenheit, denn die ist lebendig geworden im Bewußtsein des Lesers. Nur so, im geistigen Bezug, verliert sich die Vergänglichkeitsmelancholie, läßt sich die in der Geschichte verschwundene Heimat dennoch bewahren. Als ideologischer Besitz freilich und als bloß materielles Haben ist Heimat immer schon verloren.[75] Das ist nun der entscheidende Punkt, wo sich das *Heimatmuseum* von den früheren Lenz-Texten, insbesondere der *Deutschstunde* trennt und vielleicht eine neue Qualität im Oeuvre des Autors anzeigt: Denn es wird hier (im Zeichen der ›Heimat‹) nicht nur Geschichte beschworen, sondern auch – vermittels der Handlung im letzten Kapitel – über Geschichte, ihre Verfügbarkeit, ihre Gefährdung und Gefahr nachgedacht.[76] Dem entspricht die Botschaft des Romans: Während Siggi Jepsen über das Ende seiner Strafarbeit hinaus an die Vergangenheit und deren Traumata gefesselt bleibt, seine Deutschstunde also zukunftsleer bleibt, entrinnt Zygmunt Rogalla dem Bann der Vergangenheit, weil er in emphatisch aufklärerischem Sinn aus ihr lernt und das Erlernte – seinen neuen Heimatbegriff – als Halt für die Zukunft versteht. So schließt der Erzähler, indem er, der Geschichte bewußt (»das Vergangene ist unter uns«), über die Zeiten hinweg eine tragfähige Bewußtseinsbrücke schlägt. Und damit endet auch der Roman überraschend genug, nämlich weitaus sinnträchtiger und triftiger als es seine Episoden- und Beschreibungsfülle versprach.

Die Durchsicht der bundesrepublikanischen Rezensionen – insgesamt 37 Zeitungsartikel – zeigt nun allerdings, daß die Dialektik des Romanschlusses wenig Resonanz fand. Daß das ebenso tröstliche wie haltstiftende Bewußtsein der Heimat sich gerade dann entfaltet, wenn diese als handgreiflicher Besitz verloren ist – Zygmunts Erinnerungsreichtum als ›Beweis‹ –, ist eine These, der 1978, immerhin acht Jahre nach den Oder-Neiße-Verträgen, offenbar nur wenige Kritiker folgen können.[77] Das mag in der Tat äußere Gründe haben, am Überzeugungsverlust und der Stagnation der sozialliberalen Ostpolitik liegen und den politischen Klimawechsel zwischen der Produktionszeit des Romans und seinem Erscheinungstermin bezeichnen, – ergibt sich aber gewiß auch aus dem Roman selbst, in dem das geschichtsphilosophisch-moralische Fazit durchaus unvermutet und wie nebenbei am Ende erscheint. Als Verdikt über die Bewußtseinsform des Habens widerspricht es ferner dem Rezensionsbetrieb selbst, der – siehe auch die *Deutschstunde*-Kritiken! – literarische Neuerscheinungen in schnellfertige Slogans übersetzt und Widersprüche oder Ambivalenzen häufig glattbügelt. »Er hat wieder zugeschlagen, der große Erzähler mit den magermilchblauen Augen [...]«, »Zwischen Folklore und Abenteuer, Freuden und Grenzen [...]«[78] – derart aufgedonnert beginnen gewiß nicht alle Besprechungen; aber darin zeigt sich nur unverhüllt die Art, mit der der Aktualitäts- und Sensationszwang der Tagespresse auf die Literatur schlägt. So wird Lenz' Roman weitgehend als Abgesang an die ostpreußische Heimat verbucht: Rogallas Museumseinäscherung sei bloß ein »kleinbürgerlich-anarchischer Zerstörungsakt« (*FAZ*, 4.11.78), mit dem er die »Erinnerung zu beseitigen« versuche (*Berliner Morgenpost*, 8. 10. 78) – insgesamt ein »skeptischer Ausblick, den Siegfried Lenz da bietet« (*Stuttgarter Zeitung*, 30. 9. 78). Eines freilich verbindet die Kritiken mit unserer Deutung: Was noch in der Rezeption der *Deutschstunde* erstaunlich marginal blieb, der politische Blick für die Geschichte und ihren Zusammenhang mit der Gegenwart, wird jetzt – Resultat des bewußtseinsgeschichtlichen Paradigmenwechsels um 1968 und der folgenden Ostpolitik? – häufig erwogen. Anstöße dazu gibt Lenz gerade gegen Ende seines Romans genug, und doch erscheint den meisten Kritikern dieses Erzählmuseum eben darin unergiebig: »Die Auswirkungen des NS-Regimes werden reduziert auf eine private Auseinandersetzung« (*Stuttgarter Zeitung*, 30. 9. 78), der Roman stelle »Originale statt Menschen« vor, »für die Auseinandersetzung mit der deutschen Vergangenheit im 20. Jahrhundert ist der masurische Blickwinkel vielleicht ein bißchen zu eng« (*Rheinischer Merkur*, Koblenz, 25. 8. 78). Lenz »zwingt der Geschichte einen moralischen Imperativ auf« (*Der Tagesspiegel*, Berlin, 3. 9. 78).

Es sind dies Thesen, die zu resümierender Werk-Rückschau einladen. Da ist, vor allem in Lenz' früher Prosa, das als elementarer und symbolisch überhöhter Daseinskampf definierte Kriegs- und Diktaturerlebnis, sodann – *Zeit der Schuldlosen* als Beispiel – die weltanschauliche Grundposition, repräsentiert von der Existenzphilosophie der fünfziger Jahre, und, in *Deutschstunde*, die bei zunehmend historischen Sujets historischer Aufklärung inadäquate Orientierung an erkenntniskritischen Prämissen der klassischen Moderne, die die ontologisch begründete Enthistorisierung auch ästhetisch legitimieren. Was für *Deutschstunde* gilt, bestätigt der Roman *Das Vorbild* (1973): Popkonzerte, Rockerschlägerei, studentische Protestmärsche durch Hamburg – ein Porträt der endsechziger Jahre, das abstrakt wie Statisterie wirkt[79] und nur äußere Legitimation ist für die Suche nach dem pädagogischen Vorbild als einem allein von zeitlos ethischen Vorstellungen bestimmten Ideal – das dann freilich unglaubwürdig bleibt. Im *Heimatmuseum* endlich, noch geprägt von sozial-liberaler Aufbruchsgestimmtheit, finden sich frühere Werkstufen wieder und münden in eine zukunftsweisende Lehre, die Lenz cum grano salis immer schon als Sinnmöglichkeit bereithielt, nun jedoch positiv formuliert und im Roman *Der Verlust* (1981) wiederholt: Ist es dort das Verstummen der Sprache, so hier die Vertreibung aus dem Heimatland – Verlusterfahrungen, die in der Selbstfindung, in der Besinnung auf das Sein und im Verzicht auf das Haben ihren Schmerz und Stachel verlieren. Ein bedenkenswerter, ein notwendiger, ein weltweiser Rat, gewiß, doch erteilt auf Kosten zeitgeschichtlicher Erhellung. So wird Geschichte zum moralischen Lehrstück und bleibt das Dritte Reich – nicht nur bei Lenz – weiterhin ›unbewältigt‹. Vielleicht ein Argument für die anhaltende Aktualität dieses Themas in der deutschen Gegenwartsliteratur.[80]

Anmerkungen:

Alle Zitate aus den analysierten Werken folgen den im abschließenden Literaturhinweis aufgeführten Ausgaben, auf die sich auch die nach Zitaten in Klammern angegebenen Seitenzahlen beziehen.

1. Wilhelm Johannes Schwarz, *Gespräche mit Siegfried Lenz*. In: W. J. Schwarz, *Der Erzähler Siegfried Lenz*. Bern/München 1974, S. 131.
2. Siehe etwa Ekkehart Rudolph (Hrsg.), *Protokoll zur Person. Autoren über sich und ihr Werk*. München 1971, S. 97.
3. Siehe Kurt Batt, *Geschichten kontra Geschichte. Über die Erzählungen und Romane von Siegfried Lenz*. In: K. Batt, *Revolte intern*. München 1975, S. 193 – 207. – Manfred Durzak, *Zeitromane mit moralischen Kunstfiguren. Das Romanwerk von Siegfried Lenz*. In: M. Durzak, *Gespräche über den Roman*. Frankfurt a. M. 1976, S. 204 – 224. – Hans Wagener, *Siegfried Lenz*. München ^{2}1976. Bes. S. 68 – 80.
4. Siegfried Lenz, *Autobiographische Skizze*. In: *Siegfried Lenz. Ein Prospekt*. Hrsg. v. Hoffmann & Campe Verlag. Hamburg 1966 (nicht im Buchhandel), S. 14. Siehe auch Colin Russ, *Die Geschichten von Siegfried Lenz*. In: C. Russ

(Hrsg.), *Der Schriftsteller Siegfried Lenz. Urteile und Standpunkte*. Hamburg 1973, S. 47.

5. Zu Lenzens Pointentechnik: Johann Lachinger, *Siegfried Lenz*. In: *Deutsche Literatur seit 1945 in Einzeldarstellungen*. Hrsg. v. Dietrich Weber. Stuttgart 1968 ff., S. 420 f. Abgedr. auch in: Russ (Anm. 4), S. 246 ff.
6. Siehe Russ (Anm. 4), S. 58.
7. Siegfried Lenz: »Eine Geschichte [...] ist weiter nichts als die Spiegelung der Sekunde, in der das sorgfältig gelegte Tellereisen zuschnappt: das Ablösen und der Transport der Beute werden dem Leser überlassen« (S. Lenz, *Gnadengesuch für die Geschichte* [1966]. In: S. Lenz: *Beziehungen. Ansichten und Bekenntnisse zur Literatur*. Hamburg 1970, S. 129). Siehe auch S. Lenz: *Der Pakt mit jedermann. Der Autor und sein Leser*. In: Welt und Wort, 21, 1966, S. 147 f. Ferner S. Lenz, *Was ist ein Leser?* In: *Die Weltwoche*, Zürich, 17. 9. 1965. Vgl. Jean-Paul Sartre, *Was ist Literatur?*. Reinbek 1958, S. 25 ff.
8. S. Lenz, *Ich zum Beispiel. Kennzeichen eines Jahrgangs* (1966). In: S. Lenz, *Beziehungen* (Anm. 7), S. 16 ff.
9. Ebd., S. 18 ff.
10. Ebd., S. 32 ff.
11. S. Lenz, *Mein Vorbild Hemingway. Modell oder Provokation* (1966). In: S. Lenz, *Beziehungen* (Anm. 7), S. 5 – 63. Zu Hemingways Einfluß auf Lenz s. a. Hans Wagener (Anm. 3), S. 81 ff.
12. Lenz (Anm. 11.), S. 53.
13. S. Lenz, *Jäger des Spotts. Geschichten aus dieser Zeit*. Hamburg 1958, S. 39.
14. Siehe Hannah Arendt, *Elemente und Ursprünge totaler Herrschaft*. Frankfurt a. M. 1958.
15. S. Lenz: *Mein Vorbild Hemingway* (Anm. 11) und *Der unspaltbare Nachtkern* (1964). In: S. Lenz, *Beziehungen* (Anm. 7), S. 73 – 76.
16. Josef Reding, *Echo der Zeit*, Recklinghausen, 30. 11. 1958: »Zeitlosigkeit wird nicht durch Flucht vor der Zeit erreicht. Siegfried Lenz hat die commercial story gar nicht nötig. Warum schreibt er im Untertitel seines Werks ›Jäger des Spotts‹, es handle sich um ›Geschichten aus dieser Zeit‹?«
17. *Reutlinger Generalanzeiger*, 30. 4. 1958.
18. S. Lenz (Anm. 11), S. 59.
19. Ebd.
20. Siehe Theodor W. Adorno, *Engagement*. In: Th. W. Adorno, *Noten zur Literatur III*. Frankfurt a. M. 1973, S. 109 – 135.
21. Siehe Jean-Paul Sartre, *Situations III*. Paris 1949, S. 11 ff.
22. H. Wagener (Anm. 3), S. 42 – 51, bes. S. 47.
23. Karl Jaspers, *Die Schuldfrage*. Zürich 1947, S. 11. Den Hinweis verdanke ich dem Aufsatz von Albert R. Schmitt: *Schuld im Werke von Siegfried Lenz. Betrachtungen zu einem zeitgenössischen Thema*, in: C. Russ (Anm. 4), S. 95 – 106. Schmitt betrachtet Lenz' existentialistische Orientierung allerdings nicht aus ideologie- bzw. aus geschichtskritischer Perspektive. Indem er die Orientierung nur nachweist, affirmiert er den enthistorisierenden Wert, den sie bei Lenz hat.
24. Karl Jaspers, *Philosophie* (3 Bde.), 2. Bd. Berlin ^{3}1956.
25. S. Lenz, *Der unspaltbare Nachtkern* (Anm. 15), S. 76.
26. S. Lenz, *Mein erstes Theaterstück. Wie »Zeit der Schuldlosen« entstand*. In: *Die Zeit*, Hamburg, 22. 9. 1961.
27. S. Lenz, *Der Künstler als Mitwisser. Eine Rede in Bremen* (1962). In: S. Lenz, *Beziehungen* (Anm. 7), S. 281. Lenz' Nähe zur existentialistischen ›Littérature Engagée‹ verrät die Parallelstelle bei Sartre: »Es ist die Funktion des Schriftstel-

lers, so zu wirken, daß keiner die Welt ignorieren und keiner in ihr sich unschuldig nennen kann« (Jean-Paul Sartre, *Was ist Literatur?* [Anm. 7], S. 18).
28. Siehe Anm. 27.
29. Georg Wilhelm Friedrich Hegel, *Ästhetik*. Hrsg. v. Friedrich Bassenge. Frankfurt a. M. o. J., S. 581.
30. S. Lenz (Anm. 8), S. 41.
31. S. Lenz, *Gnadengesuch für die Geschichte* (Anm. 7), S. 131.
32. Interview mit Ben Witter. In *Die Zeit*, Hamburg, 26. 3. 1976. Siehe auch Schwarz (Anm. 1), S. 130.
33. Gotthold Ephraim Lessing, *Von dem Wesen der Fabel*. In: G. E. Lessing, *Fabeln. Abhandlungen über die Fabel*. Hrsg. v. H. Rölleke. Stuttgart 1974, S. 67 – 104.
34. S. Lenz, *Schwierigkeiten beim Schreiben der Wahrheit* (1964). In: S. Lenz, *Beziehungen* (Anm. 7), S. 66.
35. S. Lenz (Anm. 8), S. 33.
36. Siehe seine Gespräche mit Janouch: *Gustav Janouch, Gespräche mit Kafka*. Frankfurt a. M. 1968, Bes. S. 95.
37. *Zeit der Schuldlosen* wurde 1970 in immerhin 5. Auflage herausgegeben. Das Stück war uspründlich als vielbeachtetes und mehrmals ausgestrahltes Hörspiel (Produktion: Norddeutscher Rundfunk und Südwestfunk. Regie: Fritz Schröder-Jahn) vom Publikum bereits positiv aufgenommen (s. etwa die Rezension in der *Welt* v. 5. 4. 1961). Zusätzliches Publikum konnte eine mehrfach gesendete Fernsehaufzeichnung des Theaterstücks erreichen.
38. *Die Welt*, Hamburg, 5. 4. 1961. Siehe auch: *Hamburger Abendblatt*, 3. 10. 1961.
39. *Frankfurter Allgemeine Zeitung*, 21. 9. 1961.
40. Henning Rischbieter, *Deutsche Dramatik in West und Ost*. Hannover 1965, S. 62 – 64. – Paul Hübner in: *Rheinische Post*, Düsseldorf, 9. 6. 1962.
41. S. Lenz, *Verlorenes Land – Gewonnene Nachbarschaft. Die Ostpolitik der Bundesregierung*. Kiel 1971 (nicht im Buchhandel). Siehe im übrigen Kenneth Eltis, *Siegfried Lenz und die Politik*, in: C. Russ (Anm. 4), S. 75 – 94.
42. Gesamtauflage allein im Zeitraum 1968 – 1972: 850.000 Ex.; Zahlenmaterial über Auflage, Werbung und Gewinn im Zusammenhang mit *Deutschstunde* bei Dieter Kraeter, *Alles über einen Bestseller. Der unaufhaltsame Aufstieg des Siegfried Lenz*. In: *Rheinischer Merkur*, Köln, 20. 2. 1970.
43. Siehe ausführlich Theo Elm, *Siegfried Lenz – »Deutschstunde«. Engagement und Realismus im Gegenwartsroman*. München 1974, S. 28 ff. Dort auch Literaturhinweise zu diesem Thema.
44. Hans Frank, *Die Technik des Staates*. München 1942., S. 25 f.
45. Robert Musil, *Der Mann ohne Eigenschaften*. Hamburg 1952, S. 1640.
46. Siehe Anm. 26.
47. S. Lenz, *Stadtgespräch*. Hamburg 1963, S. 282.
48. S. Lenz, *Beziehungen* (Anm. 7), S. 38.
49. Auf die hier angedeutete Abstraktions- und Reflexionstendenz als distinktives Merkmal der ›modernen‹ Literatur braucht nicht näher eingegangen zu werden, da zu diesem bei Lenz freilich nur im prinzipiellen Ansatz nachzuweisenden Komplex kompetente Arbeiten (z. B. aus je geistesgeschichtlicher und semiotischer Sicht) vorliegen: Dieter Henrich, *Kunst und Kunstphilosophie der Gegenwart (Überlegungen mit Rücksicht auf Hegel)*, in: *Poetik und Hermeneutik II. Immanente Ästhetik – Ästhetische Reflexion*. Hrsg. v. Wolfgang Iser. München 1966, S. 11 – 32. – Karlheinz Stierle, *Text als Handlung. Perspektiven einer systematischen Literaturwissenschaft*. München 1975. Bes. S. 184 f.

50. Zuerst in der *Grundlegung der Metaphysik der Sitten*, dann in der *Kritik der praktischen Vernunft* (1788).
51. Siehe hierzu Joachim Fest, *Das Gesicht des Dritten Reiches. Profile einer totalitären Herrschaft*. München 1963. Sowie Hannah Arendt, *Eichmann in Jerusalem. Ein Bericht von der Banalität des Bösen*. München 1964.
52. Reinhard Baumgart, *Literatur für Zeitgenossen. Essays*. Frankfurt a. M. 1966, S. 48.
53. Siehe Hermann Glaser, *Spießer-Ideologie. Von der Zerstörung des deutschen Geistes im 19. und 20. Jahrhundert*. Freiburg i. Br. 1964.
54. S. Lenz, *Enge als Vorzug*. In: S. Lenz, *Beziehungen* (Anm. 7), S. 123.
55. Walter Jens, *Statt einer Literaturgeschichte*. Pfullingen 1957.
56. Busbecks Bemerkung zu Nansen könnte auch Lenz gelten: »Manchmal hab ich gedacht, dieses Land hat keine Oberfläche, nur – . Was? Wie soll ich sagen: Tiefe, es hat nur seine schlimme Tiefe, und alles, was dort liegt, bedroht dich« (*Deutschstunde*, S. 411).
57. Zum Zusammenhang Storm-Lenz s. Peter Russel, *Siegfried Lenz's »Deutschstunde«: A North German Novel*. In: *German Life and Letters*, 28, 1974/75, S. 406.
58. *Aachener Volkszeitung*, 3. 12. 1968.
59. *Der Tagesspiegel*, Berlin, 8. 10. 1968.
60. *Frankfurter Allgemeine Zeitung*, 17. 9. 1968.
61. Deutschspr. Gesamtauflage bis 1976: 5,5 Mill. Ex.; zum Vergleich: Böll: 4 Mill. Ex.; Grass: 3,4 Mill. Ex. (nach Auskunft des Verlages Hoffmann & Campe).
62. Der nach dem Roman gedrehte Fernsehfilm (Regie: Peter Beauvais. Erstsendung: ARD 24. und 28. 1. 1971) verstärkt diese Tendenz durch die notwendig weitere Reduktion des Geschehens auf asyndetische Details und die realistische Abschilderung von Handlung und Konflikt, wobei der Überblick gänzlich verlorengeht. Siehe Peter W. Jansens Filmkritik in: *Die Zeit*, Hamburg, 31. 1. 1971.
63. *Hamburger Abendblatt*, 20. 9. 1968.
64. Aus hermeneutisch-phänomenologischer Sicht haben sich zuerst Martin Heidegger und Hans-Georg Gadamer, aus semiotischer bzw. kommunikationsästhetischer Perspektive hat sich der tschechische Strukturalismus (Jan Mukařovský) mit dem hier genannten rezeptionsrelevanten Kriterium von Kunst befaßt.
65. Siehe hierzu Walter Höllerers bereits 1962 veröffentlichte Kritik an der deutschen Literaturkritik (*Zur literarischen Kritik in Deutschland*. In: *Sprache im technischen Zeitalter*, 2, 1962, S. 153 – 164) und Peter Uwe Hohendahls Kommentar hierzu (*Das Ende einer Institution? Der Streit über die Funktion der Literaturkritik*. In: P. U. Hohendahl, *Literaturkritik und Öffentlichkeit*. München 1974, S. 166 ff.).
66. *Die Welt der Literatur*, Berlin, 19. 9. 1968.
67. *Die Zeit*, Hamburg, 20. 9. 1968.
68. *Hamburger Abendblatt*, 20. 9. 1968.
69. Siehe Hohendahl (Anm. 65), S. 168, und Walter Boehlich, *Kritik und Selbstkritik*. In: W. Boehlich, *Sind wir noch das Volk der Dichter und Denker?*. Reinbek 1964, S. 43 f.
70. Siehe Anm. 64 und Wolfgang Iser, *Die Appellstruktur der Texte. Unbestimmtheit als Wirkungsbedingung literarischer Prosa*. Konstanz 1970 ff.
71. S. Lenz, *Lächeln und Geographie. Über den masurischen Humor*. In: S. Lenz, *Beziehungen* (Anm. 7). Zum Humor bei Lenz s. Theo Elm, *Komik und Humor. Die masurischen Geschichten*. In: C. Russ, *Der Schriftsteller Siegfried Lenz* (Anm. 4), S. 191 ff.

72. Erich Fromm, *Haben oder Sein. Die seelischen Grundlagen einer neuen Gesellschaft*. Stuttgart 1976, S. 40.
73. Fromm (Anm. 72), S. 42 f.
74. Fromm (Anm. 72), S. 126 ff.
75. Vgl. S. Lenz, *Verlorenes Land – Gewonnene Nachbarschaft* (Anm. 41).
76. Siehe Rüdiger Krohn, *Die geliehene Vergangenheit. Sprinter auf der Langstrecke: Siegfried Lenz' neuer Roman »Heimatmuseum«*. In: *Stuttgarter Zeitung*, 30. 9. 1978.
77. Z. B.: Carna Zacharias (*Abendzeitung*, München, 25. 8. 78), Michael Stone (*Der Tagesspiegel*, Berlin, 3. 9. 78) und Horst Bienek (*Die Zeit*, Hamburg, 20. 10. 78).
78. *Hiero Itzo*, Göttingen, 15. 10. 78, und *Badische Zeitung*, Freiburg, 25. 8. 78.
79. Hans Wagener (Anm. 3), S. 77 ff. und Manfred Durzak (Anm. 3).
80. Siehe etwa im Umkreis des Lenzschen Heimat-Motivs in *Heimatmuseum*: Horst Bienek, *Die erste Polka*; Christine Brückner, *Nirgendwo ist Poenichen*; Günter Grass, *Der Butt*; Uwe Johnson, *Jahrestage*; Walter Kempowski, *Tadellöser und Wolff*; Christa Wolf, *Kindheitsmuster*. – Die primär moralische Tendenz literarischer Vergangenheitsbewältigung erinnert an Georg Lukács' Forderung nach einer Aufklärung *über* Geschichte (Georg Lukács, *Über die Bewältigung der deutschen Vergangenheit*. Vorwort zu: G. L., *Von Nietzsche zu Hitler oder Der Irrationalismus und die deutsche Politik*, Frankfurt a. M. 1966). Für Adorno dagegen ist diese Art der Geschichtsdeutung ein unabänderliches historisches Faktum in fortschreitend ›bürgerlicher‹ Gesellschaft, wo das ›zeitlose‹ Tauschprinzip als gesellschaftsumfassende Ideologie ohnehin alle Vergangenheitsorientierung überflüssig mache (Th. W. Adorno, *Was bedeutet: Aufarbeitung der Vergangenheit*, 1959. In: Th. W. A., *Erziehung zur Mündigkeit*, Frankfurt a. M. 1975, S. 10 ff.).

Literaturhinweis:

Jäger des Spotts. Geschichten aus dieser Zeit. Hamburg 1958.
Zeit der Schuldlosen. Köln [5]1970.
Deutschstunde. Hamburg 1968.
Heimatmuseum. Hamburg 1978.

Siegfried
Lenz
Heimat-
museum
Roman

Eva Haldimann

Ein masurischer Erdgeist
Zur Figur der Edith im Roman *Heimatmuseum* von Siegfried Lenz

»... Mütter, die ihr thront
Im Grenzenlosen, ewig einsam wohnt
Und doch gesellig«
(*Faust II*, erster Akt)

Im Roman *Heimatmuseum* von Siegfried Lenz begegnen wir einer Frauengestalt, die zu den interessantesten der neueren deutschen Literatur gehört. Edith, die erste Frau des Ich-Erzählers Zygmunt Rogalla, ist eine unerkannte, oft unheimliche, manchmal dämonische, zugleich ausgelieferte Gestalt, die auf den ersten Blick weniger klare Umrisse gewinnt als etwa die urwüchsige Teppichweberin Sonja Turk, neben der Edith als blasse Hintergrundgestalt erscheinen könnte. Und doch, Edith ist ständig da, oft im Hintergrund, unergründlich, aber immer gegenwärtig. Gerade in diesem Da-Sein liegt ihre Rolle, vom Autor sehr differenziert und auf eine Erkenntnis hin dargestellt. Edith ist nämlich weit mehr als die zufällige Spielgefährtin und spätere Frau des Erzählers, sie ist auch sein Spiegelbild, und weit mehr als das.

Verhaltensweisen in Kindheit und Jugend

Nicht von ungefähr hat Edith ihren ersten größeren Auftritt als Zygmunt Rogallas kindliche Partnerin im Stück des Heimatforschers Adam Rogalla, »Szenen aus masurischen Schicksalstagen«, in dem sie Geschwisterpaare, zuerst Kinder eines Sudauerfürsten, dann Kolonistenkinder von Masowiern darstellen. Wir erfahren wenig über ihr Äußeres, nur daß sie zur Fülle neigt und als Kind riesige maisfarbene Haarschnecken trägt. Es wird erwähnt, daß sie als Mädchen »hochmütig, abweisend und unberechenbar« ist; Zygmunt darf allenfalls die Schlammspritzer von ihren Beinen abwischen oder einen Blutegel entfernen, wobei ihr bei aller »kalten Neugierde« auch Mißgeschicke widerfahren können, so wenn der ungehalten gewordene Spielgefährte sie von ihrem Baumsitz reißt und unter Wasser drückt, bis die maisfarbenen Haarschnecken durchnäßt sind. Skrupel scheinen ihr unbekannt zu sein: »Was sie brauchte, was sie sich wünschte, was sie ausprobieren wollte – sie verschaffte es sich.« Ihre Amoralität ist besonderer Art und eignet eher einem alb- oder koboldartigen Wesen als dem Kleinstadtmädchen, das sie ist: »Ihre zeitweilige Überlegenheit rührte daher, daß ihr nichts galt und sie sich an nichts gebunden fühlte, an ein Versprechen ebensowenig wie an die Folgen einer Handlung.«

Für diese Haltung gibt es zwei besonders eindrücklich ausgearbeitete Beispiele. Sie, die Tochter des Gefängniswärters von Lucknow (dies der Name im Roman für Lyck, Lenz' Heimatort), verspricht Zygmunt in einem ihrer launischen Augenblicke, den Gefangenen Eugen Lawrenz zu befreien, aber es macht der Eigenmächtigen nichts aus, ihn am nächsten Tag mit der Unbekümmertheit einer Göttin zu verraten:

> Die beiden Gendarmen stellten mich (Zygmunt) auf die Füße, nahmen mich in bewährten Oberarmgriff, doch ich spürte ihren Griff kaum, ich vergaß nahezu ihre Anwesenheit, denn vor dem Eisengitter stand Edith, nein, sie stand dort nicht, sie hüpfte auf einem Bein, erhitzt vor Freude, einen Finger an die Lippen gelegt, hüpfte, ja, daß ihre schweren Haarschnecken schwangen und schlappten. Entgeistert sah Eugen Lawrenz sie an, sie erwiderte seinen Blick, herausfordernd, sie hielt ihn lachend aus und klatschte in die Hände, Edith, meine erste Frau. Nach schleppendem Verhör entließen sie mich zur Schule, ich ging rückwärts, bis der Holunder mich aufnahm, die Hecke mich verbarg; dort wartete ich, bis sie aufbrachen: Gendarm, Häftling, Gendarm, und hinter ihnen, mit Tanzschritten, in pantomimischer Ausgelassenheit den Zug kommentierend, lief Edith. Und plötzlich, wie es ihr entsprach, auf Höhe der Badeanstalt, verlor sie die Lust, den Gefangenentransport zu begleiten, sie scherte aus und verschwand hüpfend hinter der Lebensbaumhecke.

Dieser kleine Kobold ist gewiß keine Person, die beim Leser auf Anhieb Verständnis oder gar Sympathie wecken könnte, vor allem nicht, wenn man im ausgreifend dahinfließenden Romangeschehen der Heranwachsenden wieder einmal ratlos gegenübersteht. Sie scheint vergewaltigt worden zu sein; vage bezichtigt sie als Täter Burschen aus der polnischen Siedlung. Eine willkommene Gelegenheit für ihre Leute, alle Polen aufs brutalste zusammenzuschlagen. Trotz ihrer eher prekären Lage sieht Edith mit »unbarmherzigem Interesse« zu, hat für das Geschehene kein Wort übrig, scheint nichts zu empfinden, bleibt ungreifbar, unentschieden, entrückt, irgendwie abwesend. Mit derselben bestürzenden Passivität gesteht sie auf Drängen ihres Bruders Conny ihren »Irrtum« ein: Die Missetäter seien doch nicht Polen gewesen, die Schlägerei also grundlos – nicht Fremde hätten dem kleinen verwirrenden Geist deutscher Erde etwas zuleide getan. Die Wahrheit werden übrigens weder die Romangestalten noch die Leser erfahren.

Ediths unverständliche, launenhafte Handlungsweisen sind stets gekennzeichnet von ganz unmädchenhafter Unbeugsamkeit. Selbst wenn sie um die Strafe weiß, ist Edith nie willens, sich einem Zwang zu fügen. So weigert sie sich im Hause des Fischmeisters, wo sie seit dem Tode ihrer Mutter und dem Verschwinden ihres Vaters lebt, mit den anderen Frauen des Hauses Federn zu schleißen. Für diese rätselhafte Weigerung wird sie in den Schuppen gesperrt, tönt jedoch wieder befehlsgewohnt, als Zygmunt naht: »[...] sie bat nicht, sie forderte mich auf, ein Brett im Boden des Schuppens zu lösen.« Doch selbst ihr Befreier ist nicht sicher vor ihr: Der eingeschlafene Zygmunt findet sich im Schuppen mit »doppelten, scharf angezogenen Kreuzknoten« gefesselt wieder.

Dies ist auch die Zeit, da die drei Kinder, Zygmunt, Edith und Conny, davon träumen, nach dem schwedischen Haparanda (dies ist ihr Sansibar ...) zu entkommen. Wieder ist es Edith, die ihren Freund damit überrascht, »wie leicht ihr die Bezahlung des Traums von Haparanda fiele«; sie hat sich unbemerkt viel Geld aus dem Nachlaß ihrer Mutter angeeignet, ohne vom Schatten eines Bedenkens berührt zu sein. Haparanda wird noch einmal erscheinen, viele Jahre später, beim Ausbruch des Zweiten Weltkrieges, doch nie wird Edith Masuren verlassen, ein Erdgeist ist an seine Heimat gebunden ...

Als der kleine Querkopf, gleichsam als Strafe für die Vergewaltigungsaffäre, in eine nahe Stadt fortgeschickt wird, entwickelt sich zwischen den beiden jungen Leuten ein Briefwechsel, der eine langsame Klärung der Gefühle der Spielgefährten bewirkt, selbst wenn ein gemeinsamer Ausflug eine Reihe von gegenseitigen Enttäuschungen bringt – sie ist zu ungebärdig, er ihren Schwächen gegenüber zu verständnislos. Doch es ist erstaunlicherweise

Edith, nicht der Sammler Zygmunt, die auf dieser Reise ein wertvolles Stück für das Heimatmuseum geschenkt bekommt – dieser Geist Masurens scheint so etwas anzuziehen wie ein Magnet. Allerdings wird sie das Geschenk, allen Enttäuschungen zum Trotz, in Zygmunts Rucksack schmuggeln: Die Erde gibt, was sie hat.

Seltsam, befremdend verläuft auch die Hochzeit; als spürte sie unaufhaltsames Unheil nahen, bemächtigt sich der Braut an diesem Tage ein unerklärliches Frieren und Zittern. Nichts kann sie von dieser aus ihrem tiefsten Innern »aufsteigenden Kälte« erlösen als Zygmunts geduldiges Erzählen von glücklichem zukünftigem Leben; sie ist »auf nichts als Gewißheit aus«, sucht »nach einem Faden, an dem sich entlangleben ließe«. Sie will von schönen Tagen hören, an denen »dauerhafte Freundlichkeit« regiert, vom zukünftigen Kind, bis zu dessen Volljährigkeit (als sich ihr Schicksal erfüllt, wird auch diese Einzelheit ihre Wichtigkeit erlangen), von einer hellen und alltäglichen Zukunft also, bis sie von sich aus überrascht feststellt, »daß die Kälte nachgelassen habe und das Bibbern vorüber sei [...].«

Tief zuinnerst jedoch scheint sie es besser zu wissen, denn auch ihr Verhalten als Mutter weicht von der Norm ab. Die Geburt des Kindes versetzt sie in eine Verzauberung; sie sitzt stundenlang entrückt vor der Wiege, protestiert, wenn der Vater den Neugeborenen aufnimmt, in dessen Gesicht sie Vorgänge entdeckt, die allen anderen verborgen bleiben. Sie vermißt ihren Mann nicht, entbehrt seine Anwesenheit nicht, als hätte sich ihr Sein und Zweck mit diesem Kinde erfüllt. Als der Heranwachsende sich auch dem Vater zuwendet, nimmt eine immer zunehmende Verstörung von ihr Besitz; sie ist erschrocken, erschüttert, aber unfähig zu begründen, weshalb. Fieberhaft protokolliert sie weiterhin das Wachstum des Kindes, und die stets als etwas schwerfällig, etwas ungeschlacht empfundene rätselhafte kleine Person verblüfft alle durch die Vielfalt ihrer Wahrnehmungen, die keinem alltäglichen menschlichen Sensorium zu entspringen scheinen.

Verdeutlichung

Es sei an die Ausgangssituation des Romans erinnert: Der nach der Flucht aus Ostpreußen in Schleswig ansässige Erzähler, der sein Heimatmuseum dort wieder eingerichtet und eine neue Familie gegründet hat, liegt mit schweren Verbrennungen im Spital. Er hat sein Heimatmuseum in Flammen aufgehen lassen, um zu verhindern, daß es zu politischen Zwecken Heimatvertriebener mißbraucht werde, um es innerlich, in höherer Reinheit zu bewahren. Aber diesen Akt, das Heimatmuseum vor ungebetenem politischem Zugriff – jenem der Nationalsozialisten – zu bewahren, hat Edith einmal schon vollzogen. Auf die Nazi-Entscheidungen in der Vorkriegszeit reagiert sie »mit undurchsichtiger Gelassenheit«, lächelt mit »einem Lächeln oder Überlegenheit« und schließt das Museum, ohne Zygmunt auch nur zu fragen. So findet die symbolische Handlung im Roman zweimal, und zwar spiegelbildlich, statt. Es scheint für die Konzeption des Autors von großer Wichtigkeit zu sein, daß Edith als erste diesen Akt der Verweigerung vollzieht, Zygmunts späteren Entschluß vorwegnehmend und ihm gleichsam den Weg weisend.

Ein weiterer deutlicher Hinweis auf Ediths Rolle und Wesensart ist, daß sie, wiederum ohne Zygmunt etwas zu sagen, wichtige Stücke des Museums vergräbt, heimlich »einen Friedhof der verschwundenen ›Zeijen‹ « anlegt. Bei ihrer Beschäftigung ertappt, sagt sie – und ihr Wort ist ebenso Wirklichkeit wie auch Symbol –, die sichersten Verstecke seien immer noch in der Erde.

Erschien Edith in ihrer Kindheit und in ihren Mädchenjahren vor allem in ihren koboldhaften, oft negativen Zügen, so treten jetzt, in den Zeiten größter Bedrängnis, ihre Eigenschaften als Erdmutter in den Vordergrund. Auf diese Weise muß im Krieg ihr freiwilliger nächtlicher Dienst in der Bahnhofsmission verstanden werden. Sie versorgt die Soldatenzüge, erfährt Krieg und Leid aus erster Hand, sieht Zeugen, Mittäter und Opfer; auch an die plombierten Güterzüge macht sie sich heran und knetet Brot, Wurst und Margarine durch die Ritzen. »Ein Weltbahnhof, sagte sie, manchmal möchtest du denken, Lucknow ist ein Weltbahnhof, auf dem das Unglück rangiert wird.«

Vollends klar wird Ediths Rolle als stille, unbeugsame, leidende kleine chtonische Gottheit, die wie Fausts »Mütter« ewig einsam wohnt und doch gesellig (sie ist ja Frau aus Fleisch und Blut *und* Symbol), als feststeht, daß weder sie noch ihr Kind Masuren verlassen werden. Der Lucknower Flüchtlingstreck wird im Hafen von Flugzeugen angegriffen:

> Immer noch höre ich Edith erschrocken meinen Namen rufen; immer noch sehe ich sie zwischen Bettzeug und Teppichrollen, auf ihrem Schoß Paulchens regloses Gesicht und das hervorsickernde Blut auf seiner Stirn; und immer noch

> sehe ich sie – vor den Kinderschlitten gespannt, auf den sie den Körper des Jungen gelegt hatte – in der zurückflutenden Menge untergehen, ohne meine Rufe und Zeichen wahrzunehmen.

Vergebens taumelt und stolpert Zygmunt ihnen nach; Edith und der Junge sind nicht zu finden, sie verschwinden »hinter einem Vorhang von Ungewißheit«. Viele Jahre später, bei einem »Heimattreffen«, glaubt ein alter Mann sich an eine Frau zu erinnern, »die ihr totes Kind auf einem Schlitten durch die winterlichen Dünen zog«. Der Schlitten stürzt in eines der ausgehobenen Erdlöcher, die Frau bleibt am Rande hocken wie erstarrt, während die letzten Trecks an ihr vorbeiziehen.

Hier erfüllt sich der streng gestaltende, auf diesen End- und Höhepunkt zusteuernde Formwille des Autors: Das Land gibt seinen Geist und dessen Kind nicht frei.

IV

Rudolf Wolff
Bibliographie der Primär- und Sekundärliteratur (Auswahl)

I. WERKE
A) Romane

Es waren Habichte in der Luft
Hamburg 1951.
Duell mit dem Schatten
Hamburg 1953.
Der Mann im Strom
Hamburg 1957.
Brot und Spiele
Hamburg 1959.
Stadtgespräch
Hamburg 1963.
Deutschstunde
Hamburg 1968.
Das Vorbild
Hamburg 1973.
Die frühen Romane
Mit einem Nachwort von K. G. Just (enthält die Romane *Es waren Habichte in der Luft*; *Der Mann im Strom*; *Brot und Spiele* und *Stadtgespräch*). Hamburg 1976.
Heimatmuseum
Hamburg 1978.
Der Verlust
Hamburg 1981.
Exerzierplatz
Hamburg 1985.

B) Erzählungen

So zärtlich war Suleyken. Masurische Geschichten
Hamburg 1955.
Jäger des Spotts
Hamburg 1958.
Das Feuerschiff
Hamburg 1960.
Stimmungen der See
Stuttgart 1962.
Lehmanns Erzählungen oder So schön war mein Markt. Aus den Bekenntnissen eines Schwarzhändlers
Hamburg 1964.

Der Spielverderber
Hamburg 1965.
Gesammelte Erzählungen
Mit einem Nachwort von C. Russ (enthält die drei Erzählbände *Jäger des Spotts*; *Das Feuerschiff* und *Der Spielverderber*). Hamburg 1970.
Lukas, sanftmütiger Knecht
Stuttgart 1970
So war das mit dem Zirkus
5 Geschichten aus Suleyken. Hamburg 1971.
Der Geist der Mirabelle. Geschichten aus Bollerup
Hamburg 1975.
Einstein überquert die Elbe bei Hamburg
Hamburg 1975.
Die Kunstradfahrer und andere Geschichten
Hamburg 1976
Ein Haus aus lauter Liebe
Ausgewählte Erzählungen. Berlin-DDR 1977.
Ein Kriegsende
Erzählung. Hamburg 1984.

C) Hörspiel und Theater

Das schönste Fest der Welt
Hörspiele. Hamburg 1956.
Zeit der Schuldlosen / Zeit der Schuldigen
Hörspiele. Hamburg 1961.
Zeit der Schuldlosen
Drama. Köln 1962.
Das Gesicht
Komödie. Hamburg 1964.
Haussuchung
Hörspiele. Hamburg 1967.
Die Augenbinde / Nicht alle Förster sind froh
2 Theaterstücke. Reinbek b. Hamburg 1970.
Drei Stücke
Hamburg 1980.

D) Essay und Gespräche

Beziehungen
Aufsätze. Hamburg 1970.
Elfenbeinturm und Barrikade. Schriftsteller zwischen Literatur und Politik
Hamburg 1976
Gespräche mit Manès Sperber und Leszek Kolakowski
(Herausgegeben von Alfred Mensak) Hamburg 1980.
Über Phantasie: Gespräche mit Heinrich Böll, Günter Grass, Walter Kempowski, Pavel Kohout
Hamburg 1982.
Elfenbeinturm und Barrikade. Erfahrungen am Schreibtisch
Hamburg 1983.

E) Sonstige Veröffentlichungen

Der einsame Jäger
Erzählband. Gütersloh 1955.
Das Kabinett der Konterbande
Hamburg 1956.
Wippchens charmante Scharmützel, erträumt von Julius Stettenheim, in Erinnerung gebracht von Siegfried Lenz und Egon Schramm
Satiren. Hamburg 1960.
Der Hafen ist voller Geheimnisse. Ein Feature in Erzählungen und zwei masurische Gedichte
Hamburg/Lübeck 1963
Flug über Land und Meer. Nordsee – Schleswig-Holstein – Ostsee
Braunschweig 1967.
Leute von Hamburg
Satirische Prosa. Hamburg 1968.
Versäum nicht den Termin der Freude
Memmingen 1970
Der Leseteufel
Mit 8 Original-Holzschnitten von Archibald Bajorat. Calw, Privatdruck 1971.
Verlorenes Land – Gewonnene Nachbarschaft. Die Ostpolitik der Bundesregierung
Wählerinitiative Nord. Kiel 1971.
Die Herrschaftssprache der CDU
Wählerinitiative Nord. Kiel 1971.
Wo die Möven schreien. Flug über Norddeutschlands Küsten und Länder
(von Siegfried Lenz und Dieter Seelmann) Hamburg 1976
Die Wracks von Hamburg
Hörfunk-Features. Oldenburg 1978.

II. SEKUNDÄRLITERATUR
A) Bibliographien

Elm, Theo: Bibliographie. In: Theo Elm, Siegfried Lenz – *Deutschstunde*. München 1974, S. 123 ff.
Meyerhoff, Hagen: Literaturverzeichnis zu Siegfried Lenz. In: H. Meyerhoff, Die Figur des Alten im Werk von Siegfried Lenz. Frankfurt a. M. 1979, S. 259 ff.
Pätzold, Hartmut: Bibliographie. In: H. Pätzold, Theorie und Praxis moderner Schreibweisen am Beispiel von Siegfried Lenz und Helmut Heißenbüttel. Dissertation, Köln 1975, S. 822 ff.
Pätzold, Hartmut: Kommentierte Auswahlbibliographie. In: Text + Kritik, H. 52, München 1976, S. 44 ff. (2. veränderte Aufl., München 1982, S. 76 ff.).
Russ, Colin: Bibliographie. In: C. Russ, Der Schriftsteller Siegfried Lenz. Urteile und Standpunkte. Hamburg 1973, S. 261 ff.
Schwarz, Wilhelm Johannes: Bibliographie. In: W. J. Schwarz, Der Erzähler Siegfried Lenz. Bern 1974, S. 163 ff.

B) Dissertationen, Biographien u. ä.

Arbeitskreis: Interpretationen zu Siegfried Lenz. München 1972.
Arnold, Heinz Ludwig: Siegfried Lenz. Text + Kritik, Bd. 52. München 1976; München [2]1982.
Baßmann, Winfried: Siegfried Lenz. Sein Werk als Beispiel für Weg und Standort der Literatur in der Bundesrepublik Deutschland. Bonn 1976.
Beutin, Wolfgang: *Deutschstunde* von Siegfried Lenz. Eine Kritik. Mit einem Anhang: Vorschule der Schriftstellerei. Hamburg 1970.
Deutsche Freimaurer: Baumeister einer brüderlichen Welt: Siegfried Lenz. Dokumente einer Ehrung. Hamburg 1970.
Elm, Theo: Siegfried Lenz – *Deutschstunde*. Engagement und Realismus im Gegenwartsroman. München 1974.
Eltis, Kenneth J.: A Study of the Novels of Siegfried Lenz. Dissertation, Macquarie University Sidney, 1972.
Haas, Anneliese de: *Deutschstunde* als Fernsehfilm. Informationen und Eindrücke. Hamburg 1971.
Hartsteen, Hans (Hrsg.): Siegfried Lenz und Emil Nolde. Kopenhagen 1977 (zus. m. Peter Henschel)
Heide, Ralph P. V.: Welterfahrung und Weltbewältigung bei Siegfried Lenz. Magisterarbeit, University of Utah, Salt Lake City 1968.
Henschel, Peter (Hrsg.): s. u. H. Hartsteen.
Hoffmann & Campe: Siegfried Lenz. Ein Prospekt. Hamburg 1966.
Letsch, Felicia: Auseinandersetzungen mit der Vergangenheit als Moment der Gegenwartskritik: Die Romane *Billard um halb zehn* von Heinrich Böll, *Hundejahre* von Günter Grass, *Der Tod in Rom* von Wolfgang Koeppen und *Deutschstunde* von Siegfried Lenz. Köln 1982.
Meyerhoff, Hagen: Die Figur des Alten im Werk von Siegfried Lenz. Frankfurt a. M./Bern 1979.
Murdoch, Brian: Siegfried Lenz. London 1978 (Modern German Authors, N. S. Vol. 6 [zus. m. M. Read]).
Neis, Edgar: Erläuterungen zu Siegfried Lenz' *Das Feuerschiff*, *Lukas, sanftmütiger Knecht*, *Stimmungen der See*, *Jäger des Spotts*, *Der Läufer*, *Drüben auf den Insel*, *Nur auf Sardinien*. Hollfeld/Obfr. 1971.
Pätzold, Hartmut: Theorie und Praxis moderner Schreibweisen. Am Beispiel von Siegfried Lenz und Helmut Heißenbüttel. Bonn 1976.
Pferdmenges, Margarete: Siegfried Lenz. Broschüre in Zusammenarbeit mit der Volkshochschule/Stadtbücherei Mülheim-Ruhr, 1965.
Plüddemann, Ulrich R. R.: Romane von Siegfried Lenz 1951 – 1960. Dissertation. Stellenbosch, 1972.
Read, Malcolm: s. u. B. Murdoch.
Reber, Trudis: Siegfried Lenz. Berlin [2]1976 (Köpfe des XX. Jahrhunderts, Bd. 74).
Reiter, Nikolaus: Wertstrukturen im erzählerischen Werk von Siegfried Lenz. Frankfurt a. M./Bern 1982.
Russ, Colin: Der Schriftsteller Siegfried Lenz. Urteile und Standpunkte. Hamburg 1973.
Sang, Jürgen: Fiktion und Aufklärung. Werkskizzen zu Andersch, Bernhard, Böll, Fichte, Frisch, Fröhlich, Grass, Handke, Härtling, Johnson, Lenz u. a. Frankfurt a. M./Bern/Las Vegas 1980.
Schwarz, Wilhelm Johannes: Der Erzähler Siegfried Lenz. Mit einem Beitrag »Das szenische Werk« von Hans-Jürgen Greif. Bern 1974.

Sperber, Manès: Wir und Dostojewskij. Eine Debatte mit Heinrich Böll, Siegfried Lenz, André Malraux, Hans Erich Nossak, geführt von Manès Sperber. Hamburg 1972.
Wagener, Hans: Siegfried Lenz. München 1976.
Weber, Albrecht: Siegfried Lenz: *Deutschstunde*. München 1971.
Weber, Hans Werner: Siegfried Lenz: Mensch, Gesellschaft und Natur. Ein thematischer Überblick. Dissertation, Princeton University 1970.
Worm-Kaschuge, Heidrun: Lenz – *Deutschstunde*. Untersuchungen zum Roman. Hollfeld 1974.

C) Einzeluntersuchungen, Rezensionen

Adrian, Sylvia: Siegfried Lenz: *Heimatmuseum*. In: Neue deutsche Hefte, 25., H. 4, 1978, S. 816 ff.
Ahl, Herbert: Ein männliches Talent. Siegfried Lenz. In: H. Ahl, Literarische Portraits. München 1962, S. 36 ff.
Ahl, Herbert: Der Pakt mit dem Leser. In: Diplomatischer Kurier, 14. 4. 1971.
Albers, Heinz: Die schlimmsten Freuden der Pflicht. In: Hamburger Abendblatt, 20. 9. 1968.
Alt, Birgit: Zeitgeschichtliche und gesellschaftliche Aspekte. In: Albrecht Weber, Siegfried Lenz: *Deutschstunde*. München 1971, S. 77 ff.
Amery, Carl: Vorbild ohne Gesicht. In: Die Welt, 23. 8. 1973.
Andreae, Mechthild: *Deutschstunde*. Westdeutscher Rundfunk, 31. 12. 1968.
Andreas, A. J.: Ein Roman, den man zweimal liest. In: Welt am Sonntag, 22. 9. 1968.
Arens, Hanns: Der Erzähler Siegfried Lenz. In: Allgemeine Wochenzeitung der Juden in Deutschland, 12. 6. 1964.
Arens, Hanns: Siegfried Lenz und seine Dichtung. In: Universitas, 27, 1972, S. 1147 ff.
Arnold, Heinz Ludwig: Aus unverändertem Blickwinkel. In: Der Monat, 22, H. 265, 1970, S. 97 ff.
Arnold, Heinz Ludwig: *Beziehungen*. Westdeutscher Rundfunk, 4. 5. 1970.
Asche, Gerhart: Lenz macht das Lesen leicht. In: Bremer Nachrichten, 22. 3. 1969 (zu: *Deutschstunde*).
Ayren, Armin: Siegfried Lenz: *Deutschstunde* (1969). In: Paul Michael Lützeler (Hrsg.), Deutsche Romane des 20. Jahrhunderts. Neue Interpretationen. Königstein 1983, S. 356 ff.
Bachmann, Dieter: Siegfried Lenz im Gespräch: Das sehr reibende Prozessuale. In: Basler Nachrichten, Nr. 210, 8. 9. 1973, S. 38 (zus. m. Reinhardt Stumm).
Bachmann, Dieter: »Ich bin doch kein Oberkellner der Aktualität«. In: Die Weltwoche, Nr. 37, Zürich, 12. 9. 1973.
Bachmann, Dieter: Ein Museum aus Wörtern. Siegfried Lenz erinnert sich in seinem neuen Roman an deutsche Vergangenheit. In: Die Weltwoche, Zürich, 23. 8. 1978, S. 23 (zu: *Heimatmuseum*).
Bartsch, Lothar: Nachwort: Vom Übel des Vorurteils. In: S. Lenz, *Zeit der Schuldlosen*. Köln 1962, S. 93 ff.
Batt, Kurt: Vergangenheit und Gegenwart. In: K. Batt, Die Exekution des

Erzählers. Westdeutsche Romane zwischen 1968 und 1972. Frankfurt a. M. 1974, S. 33 ff.
Batt, Kurt: Geschichten kontra Geschichte. Über die Erzählungen und Romane von Siegfried Lenz. In: Sinn und Form, 26. Jahrg., H. 4, 1974, S. 847 ff.; ebenfalls in: K. Batt, Revolte intern. Betrachtungen zur Literatur in der BRD. München 1975, S. 193 ff.
Batt, Kurt: Nachwort. In: S. Lenz, *Deutschstunde*. Berlin-DDR 1974.
Bauer, W. Alexander: Ein Schriftsteller ist kein Zierfisch. Siegfried Lenz antwortet auf Vorwürfe ideologischer Gegner. In: Kölnische Rundschau, 8. 1. 1977 (ausführlicher in: Vorwärts, 20. 1. 1977).
Baumgart, Reinhard: Siegfried Lenz, *Stadtgespräch*. In: Neue Rundschau, 1963, S. 664 ff.
Beckmann, Heinz: Kuckucksei in der modernen Literatur. Ich lese die *Deutschstunde*. In: Rheinischer Merkur, 19. 2. 1970.
Beckmann, Heinz: Der unerwartete Bestseller. In: Deutsche Welle, 9. 4. 1970 (zu: *Deutschstunde*).
Beckmann, Heinz: Vorbild ohne Chloroform. In: C. Russ (Hrsg.), Der Schriftsteller Siegfried Lenz. Urteile und Standpunkte. Hamburg 1973, S. 11 ff.
Beeck, Manfred in der: »Und ich befrage ihren Gang, ihr Dastehn, ihre Blicke«. Westküstenmentalität in der *Deutschstunde*. In: Nordfriesland, 5, H. 1/2, 1971, S. 17 ff.
Bernstein, Joseph M.: *Deutschstunde*. In: American German Review, August/September, New York 1969, S. 24 f.
Bienek, Horst: Besuch im Heimatmuseum. Siegfried Lenz und sein neuer Roman aus einem verlorenen Land. In: Die Zeit, 20. 10. 1978 (zu: *Heimatmuseum*).
Bondy, Francois: Gericht über die Schuldlosen. Oder: »Die Szene wird zum Tribunal«. In: Der Monat, 14, H. 161, 1961/62, S. 53 ff.
Bosch, Manfred: Der Sitzplatz des Autors Lenz oder Schwierigkeiten beim Schreiben der Wahrheit. In: Text + Kritik, H. 52, München 1976, S. 16 ff. (2. Aufl., München 1982, S. 16 ff.).
Bosch, Manfred: Verlust der Sprache ist auch Verlust der Realität. Zu Siegfried Lenz' neuem Roman *Der Verlust*. In: Die Tat, Nr. 42, 16. 10. 1981 (Buchmessenbeilage 1981, S. 11).
Brenner, Hans Georg: *Das Feuerschiff*. In: Saarländischer Rundfunk, 30. 11. 1960.
Brugger, Ilse M. de: La función del recuerdo en *Clase de Alemán* de Siegfried Lenz. In: Boleton de Estudios Germánicos, 8, 1970, S. 191 ff.
Brüdigam, Heinz: Siggi Jepsens Rechenschaft. In: Die Andere Zeitung, Hamburg, 13. 2. 1969.
Brüdigam, Heinz: Kein Vorbild für Deutschstunden. Anmerkungen zu einem neuen Roman von Siegfried Lenz. In: die tat, 13. 10. 1973 (zu: *Das Vorbild*).
Burger, Hermann: Sehen heißt sich nicht abfinden. Erfahrungen am Schreibtisch des Romanciers Siegfried Lenz. In: Frankfurter Allgemeine Zeitung, 21. 5. 1983 (zu: *»Elfenbeinturm und Barrikade«. Erfahrungen am Schreibtisch*).
Busch, Günther: Eine Rechtfertigung. In: Frankfurter Hefte, 18, H. 7, 1963, S. 493 ff. (zu: *Stadtgespräch*).
Butler, Geoffrey: Zygmunt's Follies? On Siegfried Lenz's *Heimatmuseum*. In: German Life and Letters, 33, 1979/80, S. 172 ff.

Bütow, Hans: Dichten, Angeln und das Gefühl der Erwartung. Über Siegfried Lenz. In: Frankfurter Neue Presse, 13. 3. 1971.
Casanova, Nicole: Siegfried Lenz. Distances et contacts. In: Allemagne d'aujourd'hui, 32, März/April 1972, S. 32 ff.
Cramon, Corinna: Lenz für den roten Jochen. Interview. In: Münchner Abendzeitung, 24. 4. 1971.
Dahne, Gerhard: Siegfried Lenz: Die Schuld des kleinen Mannes. In: G. Dahne, Westdeutsche Prosa – Ein Überblick. Berlin-DDR 1967, S. 126 ff.
Daiber, Hans: Neun zu eins – unentschieden. *Zeit der Schuldlosen*, ein Diskussionsstück von Siegfried Lenz in Hamburg. In: Deutsche Zeitung, 25. 9. 1961.
Demetz, Peter: Der Freund der Leser. Ein neuer Erzählungsband von Siegfried Lenz. In: Frankfurter Allgemeine Zeitung, 13. 9. 1975 (zu: *Einstein überquert die Elbe bei Hamburg*).
Drews, Jörg: Siegfried Lenz: *Deutschstunde*. In: Heinz Ludwig Arnold (Hrsg.), Geschichte der deutschen Literatur aus Methoden – Westdeutsche Literatur von 1945 – 1971, Bd. 3. Frankfurt a. M. 1972, S. 237 ff.; ebenfalls in: Neue Rundschau, 1969, S. 362 ff.
Durzak, Manfred: Neue Bücher. In: Hessischer Rundfunk, 15. 5. 1970 (zu: *Beziehungen* und *So zärtlich war Suleyken*).
Durzak, Manfred: Ich empfinde mich einfach nur als Geschichtenerzähler. Gespräch mit Siegfried Lenz. In: M. Durzak, Gespräche über den Roman. Formbestimmungen und Analysen. Frankfurt a. M. 1976, S. 177 ff.
Durzak, Manfred: Zeitromane mit moralischen Kunstfiguren. Das Romanwerk von Siegfried Lenz. In: M. Durzak, Gespräche über den Roman. Formbestimmungen und Analysen. Frankfurt a. M. 1976, S. 204 ff.
Durzak, Manfred: Ernest Hemingway, Siegfried Lenz und Günter Kunert: Die Adaption der amerikanischen Short Story in Deutschland. In: M. Durzak, Das Amerika-Bild in der deutschen Gegenwartsliteratur. Stuttgart 1979, S. 112 ff.
Durzak, Manfred: Siegfried Lenz. Vom heroischen zum alltäglichen Augenblick. In: M. Durzak, Die deutsche Kurzgeschichte der Gegenwart. Autorenporträts, Werkstattgespräche, Interpretationen. Stuttgart ^{2}1981, S. 212 ff.
Ellis, John: Siegfried Lenz' dialogische Monologe. *Ball der Wohltäter* und *Vorgeschichte*. In: C. Russ (Hrsg.), Der Schriftsteller Siegfried Lenz. Urteile und Standpunkte. Hamburg 1973, S. 205 ff.
Elm, Theo: Komik und Humor. Die masurischen Geschichten. In: C. Russ (Hrsg.), Der Schriftsteller Siegfried Lenz. Urteile und Standpunkte. Hamburg 1973, S. 191 ff.
Elm, Theo: Siegfried Lenz. Zeitgeschichte als moralisches Lehrstück. In: Hans Wagener (Hrsg.), Gegenwartsliteratur und Drittes Reich. Stuttgart 1977, S. 222 ff.
Elstun, Esther N.: How it seems and how it is. Marriage in Three Stories by Siegfried Lenz. In: Orbis litterarum, 29, 1974, S. 170 ff.
Eltis, Kenneth J.: Siegfried Lenz und die Politik. In: C. Russ (Hrsg.), Der Schriftsteller Siegfried Lenz. Urteile und Standpunkte. Hamburg 1973, S. 75 ff.
Fehse, Willi: Die Telefonseelsorge als Anlaß zur Gewissensprüfung. In: Die Tat, Zürich, 3. 3. 1973.

Fenn, Walter: Suche nach Leitbildern für die Deutschstunde: Siegfried Lenz' Roman *Das Vorbild*. Die Absage an alle Idole. Das mißlungene Buch eines brillanten Erzählers. In: Nürnberger Nachrichten, 1./2. 9. 1973.
Ferber, Christian: Nachwort. In: S. Lenz, Das schönste Fest der Welt. Hamburg 1956, S. 38 ff. (Hans Bredow-Institut).
Frisé, Adolf: Das Buch der Woche. In: Hessischer Rundfunk, 31. 3. 1963 (zu: *Stadtgespräch*).
Fuchs, Gerd: Bücher im Gespräch – Siegfried Lenz: *Heimatmuseum*. In: Deutschlandfunk, Sendung am 13. 8. 1978.
General, Regina: Gerettete Vergangenheit. Siegfried Lenz, *Heimatmuseum*. In: Der Sonntag, Nr. 16, Berlin-DDR, 19. 4. 1981.
Geßmann, Rolf: Sport als Motiv in der Literatur. Bemerkungen zur Bauform und Symbolik des Romans *Brot und Spiele* von Siegfried Lenz. In: Literatur in Wissenschaft und Unterricht, 6, H. 3, 1973, S. 143 ff.
Glossner, Herbert: Siegfried Lenz, sein neuer Roman und die Kritik: Mutmaßungen über ein Symptom. In: Deutsches Allgemeines Sonntagsblatt, 13. 9. 1981, S. 18.
Gohlman, Susan: Making Words Do for Paint: ›Seeing‹ and Self-Mastery in Siegfried Lenz' The German Lesson«. In: Modern Language Studies, 1979, S. 80 ff. (zu: *Deutschstunde*).
Grack, Günter: Siegfried Lenz, *Gesammelte Erzählungen*. In: Deutschlandfunk, 17. 12. 1970.
Grack, Günther: Siegfried Lenz, *Stadtgespräch*. In: Neue deutsche Hefte, 10, H. 94, S. 133 ff.
Grack, Günther: Siegfried Lenz, *Der Spielverderber*. In: Neue deutsche Hefte, 14, H. 113, 1967, S. 124 ff.
Grack, Günther: Siegfried Lenz, *Deutschstunde*. In: Neue deutsche Hefte, 16, H. 1, 1969, S. 153 ff.
Grack, Günther: Siegfried Lenz: *Das Vorbild*. In: Neue deutsche Hefte, 20, H. 4, 1973, S. 148 ff.
Gregor, Josef: Fünf Ideen gleichzeitig. In Deutsch eine Zwei – Gespräch mit Siegfried Lenz. In: Junge Stimme, Nr. 8, 24. 6. 1971, S. 5.
Gregor-Dellin, Martin: Siegfried Lenz: *Das Feuerschiff*. In: Bücherkommentare, 9, H. 3, 1960.
Gregor-Dellin, Martin: Siegfried Lenz, *Das Feuerschiff*. In: Hessischer Rundfunk, 1. 10. 1960.
Gregor-Dellin, Martin: Kennzeichen eines Jahrgangs. Die gesammelten Aufsätze von Siegfried Lenz. In: Die Zeit, Nr. 15, 10. 4. 1970.
Gregor-Dellin, Martin: Gespräch mit Siegfried Lenz. In: Bücherkommentare, 22. Jahrg., 1973, Nr. 4, August 1973, S. 24.
Gregor-Dellin, Martin: Das Phantastische gehört zur Wirklichkeit: Eine Lanze für Lenz. Geschichten aus zehn Jahren: *Einstein überquert die Elbe bei Hamburg*. In: Die Zeit, Nr. 38, 12. 9. 1975, S. 38.
Gregor-Dellin, Martin: Gespräch mit Siegfried Lenz. In: Text + Kritik, H. 52, München 1976, S. 1 ff. (2. Aufl., München 1982, S. 1 ff.).
Greif, Hans-Jürgen: Siegfried Lenz: *Die Augenbinde*. In: H.-J. Greif, Zum modernen Drama. Martin Walser, Wolfgang Bauer, Rainer Werner Faßbinder, Siegfried Lenz, Wolfgang Hildesheimer. Bonn 1973, S. 65 ff.
Groddeck, Wolfram: Erzählungen von Siegfried Lenz: Leitmotive und Themen seiner Prosa aus den letzten zehn Jahren. In: Badisches Tagblatt, 31. 10. 1975.

Grothmann, Wilhelm H.: Siegfried Lenz' *Deutschstunde*. Eine Würdigung der Kunst Emil Noldes. In: Seminar, 15, Toronto 1979, S. 56 ff.
Grözinger, Wolfgang: Der Roman der Gegenwart. In: Hochland, Dezember 1959, S. 173 ff. (zu: *Brot und Spiele*).
Günther, Joachim: Siegfried Lenz: *Heimatmuseum*. In: Neue deutsche Hefte, 25, H. 4, 1978, S. 816 ff.
Günther, Wolfgang: Unkenntlich durch zuviel Beschreibung. In: Frankfurter Rundschau, 19. 9. 1968.
Gürtler, Ingrid: Textlinguistik in der Schule. Ein Vorschlag für die Sekundarstufe. In: Wirkendes Wort, 29, 1979, S. 195 ff.
Haas, Helmuth de: Die Schatten der Väter. In: Anneliese de Haas, *Deutschstunde* als Fernsehfilm. Informationen und Eindrücke. Hamburg 1971, S. 70 ff.
Haas, Willy: Märchen aus Masurenland. In: Welt am Sonntag, 18. 12. 1955.
Haldimann, Eva: Ein masurischer Erdgeist. Zur Figur der Edith im Roman *Heimatmuseum* von Siegfried Lenz. In: Neue Zürcher Zeitung, Zürich, 29./30. 3. 1980, S. 69 f.
Halm, C. R.: Begegnung mit der Pflicht. In: Aachener Volkszeitung, 3. 12. 1968.
Harig, Ludwig: Über Sprachlosigkeit sprechend – Kein fröhliches Kopfsingen. Der neue Roman von Siegfried Lenz: *Der Verlust*. In: Die Zeit, Nr. 41, 2. 10. 1981, S. 49.
Hartlaub, Geno: König Midas, der Geschichtenerzähler und der Märchenfischer – Gespräch mit Siegfried Lenz. In: Allgemeines Deutsches Sonntagsblatt, 25. 12. 1966.
Hartlaub, Geno: Die drei Weisen von der Alster. Ein neuer Roman von Siegfried Lenz, *Das Vorbild*, erscheint in diesen Tagen. In: Deutsches Allgemeines Sonntagsblatt, 19. 8. 1973.
Hartmann, Rainer: Freuden der Pflicht. In: Frankfurter Neue Presse, 21. 1. 1969.
Hartung, Rudolf: Im Schatten einer großen Tradition. Kritische Überlegungen zu dem neuen Roman von Siegfried Lenz: *Das Vorbild*. In: Frankfurter Allgemeine Zeitung, 9. 10. 1973.
Härtling, Peter: Eine Eins für Siggi. Über Siegfried Lenz: *Deutschstunde*. In: Der Spiegel, Nr. 44, 28. 10. 1968, S. 178.
Heber, Ilke: Siegfried Lenz: *Lukas, sanftmütiger Knecht*. In: Arbeitskreis (Hrsg.), Interpretationen zu Siegfried Lenz. München 1972, S. 54 ff.
Heckmann, Herbert: Der Büchertisch: *Jäger des Spotts*. In: Hessischer Rundfunk, 7. 11. 1958.
Heinz, Fr.: Mein Buch ist ein geschriebenes Heimatmuseum. Interview. In: Badisches Tagblatt, Baden-Baden, 10. 2. 1979.
Helwig, Werner: Siegfried Lenz, *Das Feuerschiff*. In: Norddeutscher Rundfunk, 21. 11. 1960.
Hermanowski, Georg: Gryphius-Preisträger 1979: Siegfried Lenz. In: Der Wegweiser, 31, H. 5/6, 1979, S. 14 f.
Hilscher, Eberhard: Wiedererkennen der Wirklichkeit. Zum politisch-pädagogischen Engagement bei Siegfried Lenz. In: Der Sonntag, Berlin-DDR, 10. 2. 1974.
Hinck, Walter: Sprachverlust ist schon der halbe Tod. Siegfried Lenz' neuer Roman *Der Verlust*. In: Frankfurter Allgemeine Zeitung, 29. 8. 1981.

Hinck, Walter: Schule der Mündigkeit. Siegfried Lenz' Erzählung. In: Frankfurter Allgemeine Zeitung, 20. 10. 1984 (zu: *Ein Kriegsende*).
Hoffbauer, Jochen: Noch ist es Tag. Werk und Leben junger heimatvertriebener Autoren aus Ostdeutschland (u. a. S. Lenz). In: Wort in der Zeit, 5, H. 9, 1959, S. 42 ff.
Hoffmann, Dieter: Von Büchern und Schriftstellern: *Brot und Spiele*. In: RIAS Berlin, 3. 9. 1960.
Hoffmann, Jens: Der Traum von der Beute: Siegfried Lenz. In: Westermanns Monatshefte, 103, Nr. 7, 1962, S. 41 ff.
Hoffmann, Jens: Das erste Buch über Daniel. Ein Erzähler im Widerstand. In: Christ und Welt, 24. 5. 1963.
Hoffmann, Jens: Siegfried Lenz – Porträt eines Jägers. In: Querschnitt, 1, Nr. 2, 1965, S. 11.
Horst, Karl August: Wirf weg, damit du nicht verlierst. In: Frankfurter Allgemeine Zeitung, 23. 3. 1963 (zu: *Stadtgespräch*).
Hönes, Winfried: Siegfried Lenz als Kritiker. In: Text + Kritik, H. 52, München 1976, S. 37 ff. (2. Aufl., München 1982, nicht mehr enthalten).
Hübner, Paul: Weltkunde als Heimatkunde. Der neue Roman von Siegfried Lenz: *Heimatmuseum*. In: Rheinische Post, Düsseldorf, 19. 8. 1978.
Ignée, Wolfgang: Doppelgänger. *Das Gesicht* von Siegfried Lenz. In: Christ und Welt, 2. 10. 1964.
Jacobi, Johannes: Siegfried Lenz als Dramatiker. Der Hamburger Erfolg des Stückes *Zeit der Schuldlosen* läßt noch Wünsche und Möglichkeiten offen. In: Die Zeit, Nr. 40, 29. 9. 1961, S. 11.
Jacobi, Johannes: In jedem lauert ein Tyrann. In: Die Zeit, Nr. 39, 25. 9. 1964 (zu: *Das Gesicht*).
Jacobs, Jürgen: Phantasie und Wirklichkeit. Der Autor denkt über seine Arbeit nach. In: Kölner Stadt-Anzeiger, 13./14. 9. 1975, S. 7.
Jacobs, Jürgen: Wer nichts erreichen will, kann kein Verlierer sein. Gefährdungen und Gefahren menschlicher Unentschlossenheit. *Der Verlust* – Ein neuer großer Roman von Siegfried Lenz. In: Kölner Stadt-Anzeiger, 29./30. 8. 1981, S. 11.
Janik, Dieter: Siegfried Lenz: *Deutschstunde*. Die Problematik des Erzählens heute. In: Boletin de estudios Germánicos, 9, 1972, S. 113 ff.
Jansen, Peter W.: Strafarbeit, zu spät abgeliefert. Der neue Roman von Siegfried Lenz: *Deutschstunde*. In: Anneliese de Haas, *Deutschstunde* als Fernsehfilm. Informationen und Eindrücke. Hamburg 1971, S. 65 ff.
Jaworska, Weronika: Die Erzählungen von Siegfried Lenz. In: Filologia Germánska. Acta Universitatis Nicolai Copernici, 2/1976, S. 43 ff. (m. poln. Zusammenfassung).
Jenny, Urs: Mutmaßungen über einen Partisanen. In: Die Weltwoche, Zürich, 22. 3. 1963 (zu: *Stadtgespräch*).
Jenny, Urs: Friseur Bruno und die Diktatur. Siegfried Lenz' zweites Theaterstück *Das Gesicht* wurde in Hamburg uraufgeführt. In: Süddeutsche Zeitung, 25. 9. 1964.
Jens, Walter: Das Hintergründige bei Siegfried Lenz. In: Die Zeit, 16. 12. 1960 (zu: *Das Feuerschiff*).
Jentsch, Werner: Der Erzähler Siegfried Lenz. In: Eckart-Jahrbuch 1965/66, S. 312 ff.
Jentsch, Werner: Konflikte. Theologische Grundfragen im Werke von Siegfried Lenz. In: Zeitwende, 37, 1966, S. 174 ff., 247 ff., 316 ff. (gekürzt

in: C. Russ (Hrsg.), Der Schriftsteller Siegfried Lenz. Urteile und Standpunkte. Hamburg 1973, S. 107 ff.).

Johnen, Heinz: Lenz sprengt den Teufelskreis. In: Express, Köln, 22. 1. 1969.

Just, Klaus Günther: Siegfried Lenz als Erzähler. In: Wirkendes Wort, 16, 1966, S. 112 ff. (u. d. T.: Dialogisiertes Schweigen. Zu den Romanen von Siegfried Lenz. In: K. G. Just, Marginalien. Probleme und Gestalten der Literatur. Bern 1976, S. 98 ff.

Just, Klaus Günther: Das ist ein großer deutscher Roman. Zur *Deutschstunde* von Siegfried Lenz. In: Deutsches Allgemeines Sonntagsblatt, Nr. 42, 20. 10. 1968, S. 25.

Just, Klaus Günther: Die Romane von Siegfried Lenz. In: C. Russ (Hrsg.), Der Schriftsteller Siegfried Lenz. Urteile und Standpunkte. Hamburg 1973, S. 29 ff.

Just, Klaus Günther: Nachwort. In: S. Lenz, Die frühen Romane. Hamburg 1976, S. 763 ff.

Karasek, Hellmuth: Machen Blinde sehend? In: Die Zeit, Nr. 10, 6. 3. 1970.

Karasek, Hellmuth: Wenn die letzte Sardine schimmert. Über Siegfried Lenz: *Der Verlust.* In: Der Spiegel, Nr. 35, 24. 8. 1981, S. 165 ff.

Kesting, Marianne: Einige Anmerkungen zu einem neuen Stück von Siegfried Lenz. In: Programmheft der Städtischen Bühnen Berlin, H. 5, 1964/65, S. 49 ff.

Killy, Walther: Gediegene Deutschstunden für die ganze Welt. Über den Erfolgsschriftsteller Siegfried Lenz. In: Der Spiegel, 30, Nr. 12, 15. 3. 1976, S. 196 ff.

Kirshner, Sumner: From the Gulf Stream into the Main Stream. Siegfried Lenz and Hemingway. In: Research Studies, 25, 1967, S. 141 ff.

Klausenitzer, Hans-Peter: Siegfried Lenz: *Deutschstunde.* In: Süddeutscher Rundfunk, 13. 1. 1969.

Klose, Werner: Zu Siegfried Lenz' neuem Roman: Ein *Vorbild* reicht nicht aus. Gedanken eines Lehrers und Lesebuchmachers. In: Die Zeit, Nr. 42, 12. 10. 1973, S. 62 f.

Koch, Manfred: Der westdeutsche Roman der fünfziger und frühen sechziger Jahre. In: M. Durzak (Hrsg.), Deutsche Gegenwartsliteratur. Ausgangspositionen und aktuelle Entwicklungen. Stuttgart 1981, S. 204 ff., insbes. S. 223–225.

Koch, Thilo: Lesen und Fischen. In: Th. Koch, Ähnlichkeit mit lebenden Personen ist beabsichtigt. Reinbek 1972, S. 280 ff.

Kontje, Todd: Captive Creator in Siegfried Lenz's *Deutschstunde*: Writer, Reader and Response. In: German Quarterley, 53, 1980, S. 458 ff.

Kopperschmidt, Josef: »Schuldhafte Schuldlosigkeit«. Das Thema »Schuld« in der modernen Literatur. In: Josef Blank (Hrsg.), Der Mensch am Ende der Moral. Analysen an Beispielen neuerer Literatur. Düsseldorf 1971, S. 35 ff., insbes. S. 48 ff.

Köpke, Horst: *Heimatmuseum*, total abgebrannt. Der neue Roman von Siegfried Lenz. In: Frankfurter Rundschau, 2. 9. 1978.

Köpke, Horst: Freuden der Pflicht zur Krankenpflege. Siegfried Lenzens Roman *Der Verlust.* In: Frankfurter Rundschau, 3. 10. 1981.

Kraeter, Dieter: Alles über einen Bestseller. Der unaufhaltsame Aufstieg des Siegfried Lenz. In: Arbeitsmaterialien Deutsch. Texte zur Soziologie der Literatur. Stuttgart 1971, S. 33 f.

Kramberg, K. H.: Kriegsgericht nach dem Krieg. Eine so wahre wie unerhörte Begebenheit, erzählt von Siegfried Lenz. In: Süddeutsche Zeitung, 29./30. 9. 1984.
Krättli, Anton: Siegfried Lenz: *Das Vorbild*. In: Schweizer Monatshefte, 53, 1973/74, S. 584 ff.
Krättli, Anton: Ferngesehene Literatur. In: Schweizer Monatshefte, 55, 1975/76, S. 100 ff.
Krohn, Rüdiger: Die geliehene Vergangenheit. Sprinter auf der Laufstrecke: Siegfried Lenz' neuer Roman *Heimatmuseum*. In: Stuttgarter Zeitung, 30. 9. 1978.
Krohn, Rüdiger: Literatur von gestern. Die Vermittlung von Werten im Rückgriff auf Geschichte. In: Götz Großklaus/Ernst Oldemeyer (Hrsg.), Werte in kommunikativen Prozessen. Beiträge und Diskussionen der 8. Karlsruher Tage für experimentelle Kunst. Stuttgart 1980, S. 199 ff.
Krüger, Horst: Siegfried Lenz – angesagt von Horst Krüger. In: Siegfried Lenz. Ein Prospekt. Hambug 1966, S. 5 ff.
Krzemenski, Adam: »Sag die Wahrheit mit dem Fuß im Steigbügel«. Auszug aus einem Gespräch. In: Westfälische Rundschau, 11. 9. 1978.
Kurz, Paul Konrad: Sehnsucht nach neuem Leben. Der Zeitgenosse in fünf Romanen der Saison. In: Wort und Wahrheit, 28, 1973, S. 471 ff.
Lachinger, Johann: Siegfried Lenz. In: Dietrich Weber (Hrsg.), Deutsche Literatur seit 1945. In Einzeldarstellungen. Stuttgart 1968, S. 413 ff.
Laemmle, Peter: Siegfried Lenz: *Deutschstunde*. In: Manfred Kluge/ Rudolf Radler (Hrsg.), Hauptwerke der deutschen Literatur. Darstellungen und Interpretationen. München 1974, S. 538 ff.
Lattmann, Dieter: Für Sie gelesen: Siegfried Lenz, *Brot und Spiele*. In: Bayerischer Rundfunk, 12. 6. 1960.
Lattmann, Dieter: Siegfried Lenz, *Lehmanns Erzählungen*. In: Bayerischer Rundfunk, 8. 6. 1964.
Lattmann, Dieter: Siegfried Lenz, *Der Spielverderber*. In: Bayerischer Rundfunk, 17. 1. 1966.
Lauffs, Manfred: Deutschstunden mit der *Deutschstunde*. In: Siegfried Lenz, Text + Kritik, H. 52, München ^{2}1982, S. 24 ff.
Lehmann-Leander, Ernst: Mit Kanonen auf Spatzen geschossen. In: Text + Kritik, H. 52, München 1976, S. 35 f. (2. Aufl., München 1982, S. 57 f.).
Lehnert, Herbert: Die Form des Experiments als Gleichnis. Einiges über Siegfried Lenz. In: Frankfurter Hefte, 18, 1963, S. 479 ff.
Lehnert, Herbert: Spiel, Scherz, Schmerz und Erkenntnis. In: Siegfried Lenz, Text + Kritik, H. 52, München ^{2}1982, S. 66 ff.
Lennig, Walter: Literarische Umschau: *Der Mann im Strom*. In: Sender Freies Berlin, 2. 1. 1958.
Leonhardt, Rudolf Walter: Die süße Jagd nach Bitternissen. In: R. W. Leonhardt, Leben ohne Literatur?. Starnberg 1961, S. 78 ff.
Leonhardt, Rudolf Walter: Siegfried Lenz. In: Klaus Nonnenmann (Hrsg.), Schriftsteller der Gegenwart. 53 Portraits. Olten 1963, S. 214 ff.; ebenfalls in: C. Russ (Hrsg.), Der Schriftsteller Siegfried Lenz. Urteile und Standpunkte. Hamburg 1973, S. 229 ff.
Leonhardt, Rudolf Walter: Der verläßliche Erzähler Siegfried Lenz. Versuchsweise Analyse einer Geschichte aus dem letzten Erzählungsband. In: Die Zeit, 15. 10. 1965 (zu: *Der Spielverderber*).
Lewy, Hermann: Freuden der Pflicht. In: Allgemeine jüdische Wochenzeitung, Düsseldorf, 30. 5. 1968.

Lodemann, Jürgen: 700 Seiten gegen Gedächtnislücken. Zwischen Folklore und Abenteuer, Freuden und Grauen: Siegfried Lenz' neuer Roman *Heimatmuseum*. In: Badische Zeitung, 25. 8. 1978.
Martin, Hansjörg: Da rauscht ein masurischer Wald. In: Deutsches Allgemeines Sonntagsblatt, 8. 7. 1973.
Martinez, Hannelore G.: Kleinbürgerliches Sozialbewußtsein und Kunstfreiheit in Siegfried Lenz' *Deutschstunde*. In: Siegfried Lenz, Text + Kritik, H. 52, München [2]1982, S. 43 ff.
Mayer, Hans: Nachsitzen nach der *Deutschstunde*. Über Siegfried Lenz: *Das Vorbild*. In: Der Spiegel, Nr. 34, 20. 8. 1973, S. 92 f.
McHaffie, Margret: Siegfried Lenz' *Lukas, sanftmütiger Knecht*. Eine Analyse. In: C. Russ (Hrsg.), Der Schriftsteller Siegfried Lenz. Urteile und Standpunkte. Hamburg 1973, S. 179 ff.
Mecklenburg, Norbert: Dorfgeschichten als Pseudorealismus. In: Text + Kritik, H. 52, München 1976, S. 30 ff. (2. Aufl., München 1982, S. 52 ff.).
Meidinger-Geise, Inge: Können und Leerlauf. In: Die Tat, Zürich, 27. 8. 1966 (zu: *Der Spielverderber*).
Meidinger-Geise, Inge: Ein komplizierter Handel. In: Zeitwende, 45, H. 3, 1974, S. 211 f.
Menck, Klaus: Siegfried Lenz' *Das Wrack and Other Stories*. In: Deutschunterricht in Südafrika, 8, H. 2, 1977, S. 8 ff.
Merkelbach, Valentin: Siegfried Lenz, *Das Feuerschiff*. In: Arbeitskreis (Hrsg.), Interpretationen zu Siegfried Lenz. München 1972, S. 36 ff.
Michaelis, Rolf: Nachruf auf *Das Vorbild*. Literatur als Dörrobst. Wieder hat Siegfried Lenz einen Erfolgsroman geschrieben. In: Die Zeit, Nr. 42, 12. 10. 1973 (Literaturbeilage, S. 9).
Mornin, Edward: Taking Games Seriously: Observations on the German Sportsnovel. In: Germanic Review, 51, 1976, S. 278 ff.
Murdoch, Brian: Ironic Reversal in the Short Stories of Siegfried Lenz. In: Neophilologus, 58, H. 4, 1974, S. 406 ff.
Nagel, Wolfgang: Deutschkunde. In: Frankfurter Hefte, 1968, S. 793 f.
Nagel, Wolfgang: Am Vorbild gescheitert. In: Frankfurter Hefte, 29, H. 6, 1974, S. 463 f. (zu: *Das Vorbild*).
Natan, Alex: Das Buch der Woche: *Brot und Spiele*. In: Südwestfunk, 20. 12. 1959.
Nolte, Jost: Herausforderung mit verstellter Stimme. In: C. Russ (Hrsg.), Der Schriftsteller Siegfried Lenz. Urteile und Standpunkte. Hamburg 1973, S. 20 ff.
Ortlepp, Gunar: Zehntausend Meter Prosa. In: Neue deutsche Hefte, 6, H. 64, 1959, S. 750 f. (Zu: *Brot und Spiele*).
Oyen, Sidsel: Kvinnebildet i S. Lenz' *Forbildet*. In: Edda, 1976, Oslo 1976, S. 65 ff.
Paslick, Robert H.: Narrowing the Distance: Siegfried Lenz's *Deutschstunde*. In: The German Quarterly, 46, 1973, S. 210 ff.
Pawel, Ernst: The German Lesson. In: The New York Times Book Review, 9. 4. 1972.
Pätzold, Hartmut: Zeitgeschichte und Zeitkritik im Werk von Siegfried Lenz. In: Text + Kritik, H. 52, München 1976, S. 9 ff. (2. Aufl., München 1982, S. 9 ff.).
Peinert, Dietrich: Siegfried Lenz' *Deutschstunde*. Eine Einführung in den Roman. In: Der Deutschunterricht, 23, H. 1, 1971, S. 36 ff.; ebenfalls in:

C. Russ (Hrsg.), Der Schriftsteller Siegfried Lenz. Urteile und Standpunkte. Hamburg 1973, S. 149 ff.
Peitsch, Helmut: Schriftsteller der »Mitte«. Siegfried Lenz und sein Buch *Kriegsende*. In: Deutsche Volkszeitung/die tat, 30. 11. 1984.
Peitz, Marietta: Siegfried Lenz, *Das Feuerschiff*. In: Bayerischer Rundfunk, 26. 8. 1961.
Penzoldt, Günther: Der Denkspieler Siegfried Lenz. Zu den Bühnenstükken. In: C. Russ (Hrsg.), Der Schriftsteller Siegfried Lenz. Urteile und Standpunkte. Hamburg 1973, S. 62 ff.
Plavius, Heinz: Der Lebensbericht des Siggi Jepsen. *Deutschstunde* – ein bemerkenswerter Roman des westdeutschen Schriftstellers Siegfried Lenz. In: Der Sonntag, Nr. 4, Berlin-DDR 1969, 26. 1. 1969.
Polcuch, Valentin: Recht sprechen unter der Glasglocke. Novum der Literatur: Siegfried Lenz schreibt eine Erzählung direkt für den Bildschirm. In: Die Welt, 3. 10. 1984.
Praesent, Bernhard: Siegfried Lenz: Erinnerungsbild an die *Deutschstunde*. In: Die Rheinpfalz, Ludwigshafen, 3. 12. 1968.
Probst, Gerhard: Auch eine Thematisierung der Alterität. Bemerkungen zu Siegfried Lenz' Roman *Das Vorbild*. In: Germanisch-Romanische Monatsschrift, 27, 1977, S. 457 ff.
Raddatz, Fritz J.: Der Kanzler ist kein Volkserzieher. Helmut Schmidt in einem kulturpolitischen Streitgespräch mit Günter Grass, Siegfried Lenz und Fritz J. Raddatz. In: Die Zeit, Nr. 35, 22. 8. 1980, S. 29 ff.
Radel, Hartmut: Am Beispiel einer Deutschstunde. Interview mit Siegfried Lenz. In: Buchhändler Heute, 24. Jahrg., 1970, H. 12, S. 1420 ff.
Rainer, Wolfgang: Die tödlichen Freuden der Pflicht. Zum neuen Roman von Siegfried Lenz. In: Stuttgarter Zeitung, 25. 9. 1968; ebenfalls in: G. Uhlig, Autor, Werk und Kritik. Inhaltsangaben, Kritiken und Textproben für den Literaturunterricht. Bd. 3: Koeppen und Lenz. München 1972.
Reding, Josef: Buchkritik: *Stadtgespräch*. In: Westdeutscher Rundfunk, 27. 5. 1963.
Reich-Ranicki, Marcel: Siegfried Lenz, der gelassene Mitwisser. In: M. Reich-Ranicki, Deutsche Literatur in West und Ost. Prosa seit 1945. München 1963, S. 169 ff.; ebenfalls in: C. Russ (Hrsg.), Der Schriftsteller S. Lenz. Urteile und Standpunkte. Hamburg 1973, S. 215 ff.
Reich-Ranicki, Marcel: Betrifft Literatur und Sport. In: M. Reich-Ranicki, Literarisches Leben in Deutschland. München 1965, S. 161 ff.
Reich-Ranicki, Marcel: Vom Erfolg überrascht. Gespräch. In: Die Zeit, Nr. 27, 4. 7. 1969, S. 13 f.
Reich-Ranicki, Marcel: Siegfried Lenz: die Ein-Mann-Partei. Eine Jubiläumsrede. In: Der Monat, H. 3, 1981, S. 137 ff.
Reinhold, Ursula: Siegfried Lenz: *Deutschstunde*. In: U. Reinhold, Antihumanismus in der westdeutschen Literatur. Situation und Alternative. Berlin-DDR 1971, S. 200 ff.
Reitze, Paul F.: Die Stunde der Neurologen. Ein Schlaganfall und die Folgen für die Literatur. Siegfried Lenz' neuer Roman *Der Verlust*. In: Rheinischer Merkur/Christ und Welt, 21. 8. 1981, S. 17.
Rickling, Hendrik: Sprechebenen. In: Albrecht Weber, Siegfried Lenz: *Deutschstunde*. München 1971, S. 39 ff.
Rischbieter, Henning: Das totalitäre System »An sich«: Siegfried Lenz. In: H. Rischbieter/Ernst Wendt (Hrsg.), Deutsche Dramatik in West und Ost. Velber 1965, S. 62 ff.

Ross, Werner: Siegfried Lenz: *Das Vorbild*. In: Merkur, 28, 1974, S. 188 ff.
Rotzoll, Christa: Lebenslagen, Wortwechsel. In: Der Spiegel, Nr. 38, 15. 9. 1975 (zu: *Einstein überquert die Elbe bei Hamburg*).
Röhl, Wolfgang: Bekenntnis eines Stubenhockers. In: konkret, 30. 8. 1973, S. 44 f. (zu: *Das Vorbild*).
Rudolph, Ekkehart: Ein Gespräch mit Siegfried Lenz. In: E. Rudolph (Hrsg.), Protokoll zur Person. Autoren über sich und ihr Werk. München 1971, S. 95 ff.
Rudolph, Ekkehart: Ein Gespräch mit Siegfried Lenz. In: E. Rudolph (Hrsg.), Aussage zur Person. 12 deutsche Schriftsteller im Gespräch. Tübingen 1977, S. 137 ff.
Russ, Colin: The Short Stories of Siegfried Lenz. In: German Life and Letters, 19, 1965/66, S. 241 ff.; deutsche Übersetzung in: C. Russ (Hrsg.), Der Schriftsteller Siegfried Lenz. Urteile und Standpunkte. Hamburg 1973, S. 45 ff.
Russ, Colin: Vorwort. In: S. Lenz, *Das Wrack and Other Stories*. London 1967, S. 1 ff.
Russ, Colin: Nachwort. In: S. Lenz, Gesammelte Erzählungen. Hamburg 1971.
Russ, Colin: Siegfried Lenz. In: Benno v. Wiese (Hrsg.), Deutsche Dichter der Gegenwart. Ihr Leben und Werk. Berlin 1973, S. 545 ff.
Russ, Colin: The Macabre Festival. A Consideration of Six Stories by Siegfried Lenz. In: B. Schludermann u. a. (Hrsg.), Deutung und Bedeutung. Studies in German and Comparative Literature. Paris 1973, S. 275 ff.
Russell, Peter: Siegfried Lenz's *Deutschstunde*: A North German Novel. In: German Life and Letters, 28, 1974/75, S. 405 ff.
Russell, Peter: The »lesson« in Siegfried Lenz's *Deutschstunde*. In: Seminar, 13, Toronto 1977, S. 42 ff.
Rühle, Arnd: Eine Stunde Deutsch bei Lenz. In: Münchner Merkur, 19. 9. 1968.
Ryan, Judith: Kunst und Kriminalität. Siegfried Lenz' Retrospective on Expressionism. In: G. Bauer-Pickar/K. E. Webb (Hrsg.), Expressionism Reconsidered. Relationships and Affinities. München 1979, S. 35 ff.
Salzmann, Wolfgang: Siegfried Lenz, *Ein Freund der Regierung*. In: W. Salzmann, Stundenblätter – Kurzgeschichten für die Sekundarstufe I. Stuttgart 1978, S. 45 ff.
Sauer, Klaus: Siegfried Lenz, *Der Spielverderber*. In: Deutschlandfunk, 21. 8. 1965.
Scheller, Wolf: Interieur der gegenwärtigen Sprachlosigkeit. Ein Romanstück in der Partitur von Siegfried Lenz. In: Die Presse, Wien, 12./13. 9. 1981, S. 6 (zu: *Der Verlust*).
Schirnding, Albert von: Masurischer Teppich mit Rissen. Das *Heimatmuseum* des Siegfried Lenz. In: Süddeutsche Zeitung, 26. 8. 1978.
Schirnding, Albert von: »Die verlorene Zunge«. Der neue Roman von Siegfried Lenz. In: Süddeutsche Zeitung, 5./6. 9. 1981, S. 10 (zu: *Der Verlust*).
Schloz, Günther: Der Lenz, dem der Herbst gehört. Ein potentieller Bestseller wird besichtigt: *Das Vorbild*, der neue Roman von Siegfried Lenz. In: Deutsche Zeitung, 17. 8. 1973, S. 9.
Schloz, Günther: Hinter den Mauern. 13 neue Erzählungen. In: Deutsche Zeitung/Christ und Welt, 19. 9. 1975.
Schmack, Ernst: Kurzgeschichte: *Die Nacht im Hotel* – Auswertung von

mündlichen und schriftlichen Schüleraussagen. In: Neue Wege im Unterricht, 21, 1970, S. 262 ff.
Schmähling, Walter: Siegfried Lenz, *Gelegenheit zum Verzicht*. In: Arbeitskreis (Hrsg.), Interpretationen zu Siegfried Lenz. München 1972, S. 67 ff.
Schmiele, Walter: Siegfried Lenz, *Deutschstunde*. In: Radio Bremen, 17. 11. 1968.
Schmitt, Albert R.: Schuld im Werke von Siegfried Lenz: Betrachtungen zu einem zeitgemäßen Thema. In: A. R. Schmitt (Hrsg.), Festschrift für D. W. Schumann zum 70. Geburtstag. Mit Beiträgen von Schülern, Freunden und Kollegen. München 1970, S. 369 ff.
Schneider, Johann: Die Freuden der Pflicht. In: Nationalzeitung, Basel, 23. 8. 1969.
Schneider, Karl Ludwig: Der Pakt mit dem Leser. In: Deutsches Allgemeines Sonntagsblatt, 4. 7. 1976.
Schneider, Rolf: Siegfried Lenz und der gewöhnliche Kleinbürger. In: Frankfurter Allgemeine Zeitung, 4. 11. 1978 (zu: *Heimatmuseum*).
Schneider, Rolf: Der Mann kann mehr. Über den neuen Roman von Siegfried Lenz, *Der Verlust*. In: Stern, Nr. 37, 3. 9. 1981.
Schnurre, Wolfdietrich: Aus Bollerup zurück? Siegfried Lenz: Erzählungen aus zehn Jahren. In: Die Welt, 9. 10. 1975, (Literaturbeilage, S. 3 [zu: *Einstein überquert die Elbe bei Hamburg*]).
Schonauer, Franz: Der Büchertisch: *Der Mann im Strom*. In: Hessischer Rundfunk, 29. 11. 1957.
Schonauer, Franz: Der Büchertisch: *Brot und Spiele*. In Hessischer Rundfunk, 7. 11. 1959.
Schonauer, Franz: Der Büchertisch: *Lehmanns Erzählungen*. In: Hessischer Rundfunk, 26. 6. 1964.
Schonauer, Franz: Der Büchertisch: *Der Spielverderber*. In: Hessischer Rundfunk, 26. 2. 1966.
Schonauer, Franz: Auf nordischen Erbhöfen. Lenz' Roman hätte eine schöne Erzählung abgegeben. In: Christ und Welt, Nr. 38, 20. 9. 1968.
Schonauer, Franz: Nachgetrommelt. In: Die Weltwoche, Zürich, 18. 10. 1968.
Schöfer, Erasmus: Erbaulicher Realismus. Siegfried Lenz' neuer Roman *Der Verlust*. In: Deutsche Volkszeitung, 8. 10. 1981, S. 14.
Schramm, Godehard: Wiedererkennen der Wirklichkeit? Über *Das Vorbild* von Siegfried Lenz. In: H. L. Arnold (Hrsg.), Deutsche Bestseller – Deutsche Ideologie. Ansätze zu einer Verbraucherpoetik. Stuttgart 1975, S. 90 ff.
Schramm, Godehard: Punkte auf Millimeterpapier. Einige Überlegungen zu Romanen von Siegfried Lenz. In: Text + Kritik, H. 52, München 1976, S. 24 ff. (2. Aufl., München 1982, nicht mehr enthalten.).
Schreyer, Karl Wilhelm: Siegfried Lenz, *Das Feuerschiff*. In: Südwestfunk, 14. 12. 1960.
Schultz, Hans Jürgen: Was kann man schreibend für den Frieden tun? Ein Gespräch zwischen Gustav Heinemann und Siegfried Lenz. In: H. J. Schultz (Hrsg.), Der Friede und die Unruhestifter. Herausforderungen deutschsprachiger Schriftsteller im 20. Jahrhundert. Frankfurt a. M. 1973, S. 335 ff.
Schütt, Peter: Siegfried Lenz' *Deutschstunde*. In: Saarländischer Rundfunk, 27. 3. 1969.

Schütt, Peter: Die ehrbare Banalität des Alltags. Ein neuer Band mit Erzählungen von Siegfried Lenz. In: Deutsche Volkszeitung, 27. 11. 1975 (zu: *Einstein überquert die Elbe bei Hamburg*).
Schütt, Peter: Abschied von der Geschichte. Siegfried Lenz' Roman *Heimatmuseum*. In: Deutsche Volkszeitung, 19. 10. 1978.
Schwarz, Wilhelm Johannes: Gespräche mit Siegfried Lenz. In: W. J. Schwarz, Der Erzähler Siegfried Lenz. Bern 1974, S. 127 ff.
Schweckendiek, Adolf: Fünf moderne Satiren im Deutschunterricht. In: Der Deutschunterricht, 18, H. 3, 1966, S. 39 ff., insbes. S. 45 ff. (u. a. zur Geschichte *Lieblingsspeise der Hyänen*.).
Schwitzke, Heinz: Nachwort. In: S. Lenz, *Haussuchungen*. Hamburg 1967; ebenfalls in: C. Russ (Hrsg.), Der Schriftsteller Siegfried Lenz. Urteile und Standpunkte. Hamburg 1973, S. 68 ff. (u. d. T.: Zu den Hörspielen.).
Seeliger, Rolf: Auch beim Teetrinken kann die Welt explodieren. Interview mit dem Schriftsteller Siegfried Lenz. In: Kultur und Gesellschaft, Februar 1970, S. 10 f.
Seering, Ruth: Arbeiten und Fischen. Ein Gespräch mit Siegfried Lenz. In: Düsseldorfer Hefte, 12. Jahrg., 1967, H. 1, S. 4 f.
Sieburg, Friedrich: Der junge Mann und das Meer. In: Frankfurter Allgemeine Zeitung, 14. 6. 1958 (Zu: *Jäger des Spotts*).
Sievers, Leo: Ein Dichter ohne Fehl und Tadel. In: stern, Nr. 37, 6. 9. 1973, S. 98 ff.
Sowinski, Bernhard: Gruppenarbeit auf der Unterstufe, dargelegt am Beispiel von Siegfried Lenz' *Zirkus in Suleyken*. In: Der Deutschunterricht, 21, H. 6, 1969, S. 38 ff.
Sparre, Sulamith: Wenn der Schrecken des Verstummens zur Sprache wird. In: Frankfurter Hefte, 37, H. 9, S. 76 ff. (zu: *Der Verlust*).
Stumm, Reinhardt: s. u. D. Bachmann.
Stumm, Reinhardt: Das Idol im Kreuzverhör. Siegfried Lenz: *Das Vorbild*, ein Roman – und seine Beurteilung. In: Basler Nachrichten, 8. 9. 1973, S. 37.
Tank, Kurt-Lothar: Das doppelte Exerzitium der Schuld. Siegfried Lenz als Dramatiker – Eine Uraufführung in Hamburg. In: Deutsches Allgemeines Sonntagsblatt, 24. 9. 1961 (zu: *Zeit der Schuldlosen*).
Ter-Nedden, Gisbert: Allegorie und Geschichte. Zeit- und Sozialkritik als Formproblem des deutschen Romans der Gegenwart. In: Wolfgang Kuttenkeuler (Hrsg.), Poesie und Politik. Zur Situation der Literatur in Deutschland. Stuttgart 1973, S. 155 ff.
Thiemermann, Franz-Josef: Die Zerstörung der Sprache und die Wahrheit der Zeichen. Siegfried Lenz: *Ein Freund der Regierung*. In: F.-J. Thiemermann, Kurzgeschichten im Deutschunterricht. Texte – Interpretationen – Methodische Hinweise. Bochum [11]1976, S. 180 ff.
Uhlig, Gudrun: Autor, Werk und Kritik. Inhaltsangaben, Kritiken und Textproben für den Literaturunterricht. Bd. 3: Koeppen und Lenz. München 1972, S. 85 ff.
Vaclavekk, Ludvik: Literaturen der kulturellen Vermittlung. In: Philologica Pragensia, 10, 1967, S. 193 ff.
Vinogradov, I.: Die Rugbüller Lehren des Siggi Jepsen. Nachwort. In: S. Lenz, *Deutschstunde*. Moskau 1971, S. 461 ff.
Vormweg, Heinrich: Parabel von der *Augenbinde*. In: Süddeutsche Zeitung, 2. 3. 1970.

Vormweg, Heinrich: Lenz, *Gesammelte Erzählungen*. In: Hessischer Rundfunk, 3. 7. 1971.
Vormweg, Heinrich: Lucy Beerbaum machts möglich. Der neue Lenz: *Das Vorbild*. Kölner Stadtanzeiger, 10. 10. 1973 (Literaturbeilage, S. 3).
Wagener, Hans: Die Heimat des Siegfried Lenz: zwischen Idylle und Ideologie. In: Siegfried Lenz, Text + Kritik, H. 52, München [2]1982, S. 59 ff.
Wallmann, Jürgen P.: Der Künstler und der Polizist. In: Der Tagesspiegel, Berlin, 8. 12. 1968.
Wallmann, Jürgen P.: Erinnerungen und Reflexionen. In: Süddeutscher Rundfunk, 9. 9. 1970 (zu: *Beziehungen*).
Wallmann, Jürgen P.: Siegfried Lenz: Vom endlosen Kriegsende. Bericht des Rudergängers. In: Deutsches Allgemeines Sonntagsblatt, 21. 10. 1984 (zu: *Ein Kriegsende*).
Walter, Hans-Albert: An Siggi Jepsen gescheitert. In: Süddeutsche Zeitung, 14. 11. 1968.
Wapnewski, Peter: Die betagte Remington. Über Siegfried Lenz: *Heimatmuseum*. In: Der Spiegel, Nr. 34, 21. 8. 1978, S. 160 ff.
Wapnewski, Peter: Masurenstunde. Zu Siegfried Lenz und seinem *Heimatmuseum*. In: P. Wapnewski, Zumutungen. Essays zur Literatur des 20. Jahrhunderts. Düsseldorf 1979, S. 276 ff.
Weber, Albrecht: Lehrergestalten und Schule im Werk von Siegfried Lenz. In: Pädagogische Welt, 6/1968, S. 325 ff.; 7/1968, S. 389 ff.
Weber, Albrecht: Siegfried Lenz: *Ein Haus aus lauter Liebe*. In: Arbeitskreis (Hrsg.), Interpretationen zu Siegfried Lenz. München 1972, S. 7 ff.
Weber, Hans Werner: Väter und Kinder. In: C. Russ (Hrsg.), Der Schriftsteller Siegfried Lenz. Urteile und Standpunkte. Hamburg 1973, S. 128 ff.
Weber, Werner: Auf der Flucht vor dem Erzählen. In: Die Zeit, Nr. 19, 10. 5. 1963, S. 21.
Weber, Werner: Siegfried Lenz: *Deutschstunde*. In: W. Weber, Forderungen. Bemerkungen und Aufsätze zur Literatur. Zürich 1970, S. 172 ff.
Witter, Ben: Als Siegfried Lenz ohnmächtig vor Hunger wurde. In: Die Zeit, Nr. 14, 26. 3. 1976, S. 68.
Zamorv, Eberhard: Keine Angst vor den Jusos. Siegfried Lenz im Gespräch. In: Konkret, Nr. 6, 1971, S. 18; ebenfalls in: A. Estermann/J. Hermand/M. Krueger (Hrsg.), Unsere Republik. Politische Statements westdeutscher Autoren. Wiesbaden 1980, S. 182 ff.
Zehm, Günter: Zwischen Idylle und Totentanz. Mit dem *Heimatmuseum* legt Siegfried Lenz seinen großen Roman über Masuren vor. In: Die Welt, 26. 8. 1978.
Zehm, Günter: »Ein Mann verstummt für immer«. Siegfried Lenz' neuer Roman. In: Die Welt, 29. 8. 1981 (zu: *Der Verlust*).
Zeindler, Peter: Versuch einer Verweigerung. Siegfried Lenz, *Der Verlust*. In: Die Weltwoche, Zürich, 26. 8. 1981, S. 31.
Zimmermann, Werner: Siegfried Lenz, *Nachzahlung*. In: W. Zimmermann, Deutsche Prosadichtungen unseres Jahrhunderts. Interpretationen für Lehrende und Lernende. Bd. 2. Düsseldorf 1969, S. 318 ff.

Drucknachweise:

Baßmann, Winfried: Erstdruck.
Beutin, Wolfgang: Erstdruck.
Burgess, Gordon J. A.: Erstdruck.
Durzak, Manfred: Erstdruck.
Elm, Theo: Überarbeitung und Erweiterung eines gleichlautenden Aufsatzes in: Hans Wagener (Hrsg.), Gegenwartsliteratur und Drittes Reich. Deutsche Autoren in der Auseinandersetzung mit der Vergangenheit. Stuttgart 1977, S. 222 ff.
Haldimann, Eva: Erstveröffentlichung in: Neue Zürcher Zeitung, Nr. 75, 29./30. März 1980 (Fernausgabe), S. 70 f.
Lenz, Siegfried: Erste Buchveröffentlichung.
Reich-Ranicki, Marcel: Erstveröffentlichung in: Der Monat, Heft 3, 1981, Seite 137 ff.

Bildnachweise:

Die Bilder stellte freundlicherweise Frau Lenz zur Verfügung.